Sandra Maxeiner

GEZEITEN

Über die Kraft der Veränderung

Was wirklich zählt. Band 3

JERRY
MEDIA VERLAG

Gezeiten, © Katja

Gezeiten

Wer nie gezweifelt hat, kann nicht glauben,

wer nie Schmerz erfuhr, kann kein Glück erleben,

wer nie in Dunkelheit versank, kann das Licht nicht sehen,

wer nie Angst erlebte, wird nie furchtlos sein,

wer nie schwach war, kann nicht stark sein,

wer nie getrauert hat, wird nie getröstet sein,

wer nie verloren hat, kann nicht finden,

wer sich nie bedingungslos hingab,

weiß nicht, was wahre Liebe ist.

Sandra Maxeiner

Der Schmetterling, © Katja

Der Schmetterling

Vielleicht haben Sie sich gewundert, dass auf diesem Cover ein riesiger blauer Schmetterling prangt. Er scheint so zart und zerbrechlich, dass man ihm die Kraft, die eine Veränderung erfordert, gar nicht zutrauen würde. Dabei steht doch gerade der Schmetterling für den Wandel im Leben: Bevor wir ihn nämlich in seinen schönsten Farben bewundern können, durchlebt er einige Verwandlungsphasen, die sogenannte Metamorphose. Wie lange es dauert, bis aus dem Ei die Raupe, diese zur Puppe und schließlich zum Schmetterling wird, ist dabei sehr verschieden und hängt von den Einflüssen des Lebens ab.

Als ich heute mit den Manuskriptseiten dieses Buches im Garten saß, flog solch ein zarter blauer Schmetterling an mir vorüber. Fasziniert beobachtete ich seinen schwebend leichten Flug, sah, wie er sich hier und da auf Blüten oder Gräsern niederließ. Und dann, als ich mich schon wieder ins Manuskript vertiefen wollte, geschah etwas Unerwartetes: Der Schmetterling landete auf einer der Seiten und verweilte dort einige Zeit. Dabei öffnete und schloss er immer wieder seine Flügel, als wollte er mir sagen: »Schau, wie schön ich bin!« Gebannt betrachtete ich den kleinen Kerl und dachte, wie oft es wohl in unserem Leben so ist, dass wir etwas so sehr wollen, dass wir einem Ziel nachjagen, das wir unbedingt erreichen wollen? Und wie häufig ist es wohl so, dass sich der Erfolg gerade dann nicht einstellt, wenn wir ihm krampfhaft nachlaufen? So ist es auch mit dem Glück. Suchen wir verbissen danach, geschieht nichts und wir sind betrübt, weil es sich nicht einstellen will. Dann jedoch, wenn wir aufgehört haben zu suchen und wenn wir all unsere Erwartungen losgelassen haben, wenn wir frei sind, uns dem Leben und seinen Veränderungen hinzugeben, stellt sich das Glück oft ganz von selbst ein.

Warum ich dieses Buch geschrieben habe

»Unser Leben bedeutet Veränderung.« Wie oft haben wir diesen Satz schon gehört? Und natürlich kann unser Verstand erfassen, dass er wahr ist. Doch was diese Veränderungen wirklich bedeuten und mit welcher Wucht sie unser Leben vollkommen durcheinanderwirbeln können, haben wir wohl nie geahnt. Nichts hat zuvor unser Leben so sehr erschüttert wie ein Virus: Corona. Das Virus hat uns gezwungen, innezuhalten, mitten im fliegenden Galopp zu stoppen, umzudrehen und zurückzukehren zu uns selbst und unseren Wurzeln. Es hat uns gezwungen, Dinge zu hinterfragen und unser Leben Revue passieren zu lassen. Es hat uns aufgefordert, alles, was unser Leben bisher ausgemacht hat, auf den Prüfstand zu stellen und uns und unsere Position neu zu finden. Es hat von uns verlangt, hoffnungsvoll und optimistisch zu bleiben – und das, obwohl wir ständig mit mannigfaltigen Negativbotschaften bombardiert wurden, die uns allen Grund gaben, depressiv zu werden. Viele der Herausforderungen sind[1] neu für uns, denn eine solche Krise haben wir bislang nie erlebt. Was bleibt, ist die Erkenntnis, dass nichts mehr ist, wie es einmal war. Und doch gibt es einige grundlegend konstante Dinge in unserem Leben: Die Veränderungen, die Gezeiten, die uns durch dieses Leben tragen und begleiten.

Dieses Buch möchte Sie mitnehmen auf eine Reise durch diese Gezeiten. Erzählt werden fantasievolle Geschichten von Menschen (und Tieren), die mutig waren und die Herausforderung der Veränderungen angenommen haben, von anderen, denen dieser Mut fehlte, und von jenen, denen das Schicksal keine Wahl ließ. Auch Gespräche mit bekannten Persönlichkeiten sind Teil dieses Buches: So erzählt der Intensivmediziner Prof. Dr. Uwe Janssens, warum es wichtig ist, das Leben im Hier und Jetzt zu leben, Roland Kaiser philosophiert über das flüchtige Glück und Sportler Matthias Steiner erklärt, warum es wichtig ist, sich die Fähigkeit zu bewahren, neue Wege zu gehen. Der Fernsehkoch Christian Rach denkt

[1] zum Zeitpunkt der Drucklegung des Buches

darüber nach, warum es für gute Entscheidungen so wichtig ist, Gefühl und Verstand in Einklang zu bringen und weshalb es nicht die Niederlagen, sondern die Erfolge sind, die uns wachsen lassen. Die Schauspielerin Anna-Maria Sturm erläutert, warum sie keine Angst davor hat, ins Nichts zu fallen, und Deutschlands bekannteste Autoverkäuferin Panagiota Petridou erzählt, warum sie fest davon überzeugt ist, dass man aus jedem Scheitern etwas lernen kann.

Es ist ein buntes Potpourri, das die Gezeiten des Lebens widerspiegelt. Nichts in unserem Dasein ist beständiger als der Wandel. Dabei haben wir – ganz egal, was das Schicksal uns auch beschert – immer die Wahl, wie wir mit Veränderungen umgehen. Wir entscheiden, was wir daraus machen: ob wir sie annehmen oder daran verzweifeln, ob wir motiviert sind oder aufgeben, ob wir durch die Veränderungen wachsen oder an ihnen zerbrechen, ob wir sie als Chance oder Niederlage betrachten, ob wir aus ihnen lernen oder versuchen, sie zu verdrängen, ob wir mutig sind, Neues zu entdecken oder ob wir Altbekanntes mit Macht bewahren wollen, ob wir hoffnungsvoll weitergehen – oder kapitulieren und stehen bleiben. Wir allein entscheiden, welchen weiteren Verlauf unser Leben nehmen wird. Veränderungen sind nie leicht. Doch es lohnt sich, ihr Geheimnis zu entdecken, sich von ihnen führen zu lassen und ein Stück des Weges mit ihnen zu gehen. Wenn wir Wunder erwarten, beten wir. Stellen wir uns Veränderungen, können wir selbst Wunder bewirken.

Inhalt

Teil 1

Teil 2

Von Ängsten und Drachen, © Katja

Teil 1

Von Ängsten und Drachen

»Wir haben Angst vor dem Tod,

wir haben Angst vor der Trennung,

wir haben Angst vor dem Nichts.

Wenn wir aber tief schauen,

erkennen wir den unaufhörlichen Wandel der Dinge

und verlieren allmählich unsere Angst.«

Thich Nhat Hanh

Was fürchten wir nicht alles! Wir haben Angst vor dem Tod, fürchten uns vor Gefühlen, die uns überwältigen, haben Angst vor einer schmerzvollen Trennung, Angst, einen geliebten Menschen zu verlieren, und nicht selten haben wir auch Angst vor dem Leben. Wir haben Angst, dass eine glückliche Zeit für immer zu Ende geht, Angst, unseren Job zu verlieren, Angst vor der Zukunft, fürchten uns vor der Zeit, in der unsere Kinder erwachsen sind und uns verlassen, und wir ängstigen uns davor, ernsthaft zu erkranken. Wir fürchten unsere eigene Courage, stehen lieber still als uns auf unbekanntes Terrain zu wagen und ein Risiko einzugehen. Und wie oft war die Angst gerade in die Wochen und Monaten, die wir mit Corona lebten, unser allgegenwärtiger Begleiter?

Natürlich ist Angst ein ganz natürlicher Impuls, der uns schützt. Es ist zwar ein unangenehmes, an sich aber normales, sogar notwendiges Gefühl, das jeder von uns kennt. In den meisten Situationen, in denen dieses Gefühl auftritt, erfüllt es eine wichtige Warnfunktion und weist uns auf Gefahren hin. Wir erleben Angst fast immer als Stress. Zudem ist sie mit körperlichen Reaktionen wie einem erhöhten Herzschlag und Blutdruck verbunden, was uns in die Lage versetzt, schnell auf eine Bedrohung zu reagieren (zum Beispiel mit Flucht). Vollkommene Angstfreiheit ist also keineswegs erstrebenswert, weil uns dann ein wichtiger Entwicklungsreiz nicht mehr zur Verfügung stünde und wir nicht mit der notwendigen Aufmerksamkeit und Handlungsbereitschaft auf Gefahren reagieren könnten.

Stellen Sie sich vor, Sie bemerken in einer ansonsten alltäglichen Situation (beim Autofahren oder beim Einkaufen), wie Ihr Herz schneller zu schlagen beginnt. Sie haben das Gefühl, Sie können nicht mehr richtig durchatmen und haben keine Erklärung für diese Symptome. Vielmehr werden Sie ängstlich und schnappen nach Luft. Gleichzeitig denken Sie, dass Sie jeden Moment in Ohnmacht fallen werden. Das heißt, Sie nehmen Ihre körperlichen Symptome wahr und bewerten sie als gefährlich, als Warnung vor etwas Schrecklichem, das bald geschehen könnte. Diese Vorstellung erzeugt Angst. Durch die Angst werden in Ihrem Körper weitere körperliche Stressreaktionen ausgelöst, und die Symptome werden noch intensiver. Ihnen wird jetzt schwindelig und heiß, Sie haben das Gefühl zu schwanken. Ihre Gedanken fangen an zu rasen und Sie fühlen sich verwirrt. Sie denken, Sie würden den Verstand und die Kontrolle über sich verlieren. Ihr Herz schlägt noch schneller, und Sie spüren Schmerzen in der Brust. Sie nehmen die jetzt noch stärker gewordenen Symptome wahr und stufen sie als extrem gefährlich ein, da sie ja nun wirklich stärker geworden sind. Das Ganze schaukelt sich also hoch. Sie werden noch panischer und denken, dieses Gefühl werde nie vergehen, es könne nur noch schlimmer werden. Sie sind hilflos, verlieren nun vollständig die Kontrolle über sich selbst und haben plötzlich Todesangst. Und wenn Sie so etwas einmal erlebt haben, wird es sich auf einer tiefen Ebene in Ihr Gedächtnis einprägen, denn wir sind evolutionsbiologisch darauf programmiert, uns Angstsituationen schnell und effektiv zu merken. Beim kleinsten Anzeichen einer Erinnerung an diese Situation läuft dann dieser Vorgang von selbst wieder ab.

So funktioniert die Angst. Sie lähmt uns, brennt sich tief in unser Gedächtnis ein und erzeugt die »Angst vor der Angst«. Und alles wird von Mal zu Mal schlimmer und schlimmer. Wenn Sie also ängstlich auf eine Situation blicken, wird sie übler, je länger sie ängstlich daraufstarren. Aus China stammt das Sprichwort: »Angst klopfte an. Vertrauen öffnete. Keiner war draußen.« So verhält es sich auch mit unserer Angst. Und nicht nur bei uns ist das so. Auch beim besten Freund des Menschen, dem Hund, können wir diesen Mechanismus beobachten.

Als ich kürzlich mit meinem Dalmatiner Whiskey im Park spazieren war, konnte ich beobachten, wie er mit einem kleinen Beagle spielen wollte. Stürmisch und erwartungsfroh rannte er auf ihn zu – für den kleinen Hund ein wenig zu ungestüm, denn der blieb stehen, klemmte seinen Schwanz ein und hatte Angst. Whiskey ging daraufhin ein Stück zurück, ließ ihm mehr Raum, tänzelte um ihn herum, streckte seinen Oberkörper und eine Vorderpfote ganz lang aus, machte sich klein und animierte den Beagle immer wieder zum Spielen. Das ging eine ganze Weile so. Irgendwann gab der Beagle seine Zurückhaltung auf. Er fasste Mut, sein Körper entspannte sich sichtlich, er wedelte mit dem Schwanz und die beiden tobten einige wilde Runden gemeinsam über den Rasen. Warum erzähle ich Ihnen diese kleine Geschichte? Weil sie einmal mehr zeigt, wie Angst uns lähmt, wie sie uns die Freude nimmt und verhindert, dass Freude und Unbeschwertheit in unser Leben kommen können. Die Geschichte zeigt aber auch, dass es viel Einfühlungsvermögen, Geduld und die richtige Ansprache braucht, um jemanden, der Angst verspürt, an die Hand zu nehmen und ihn Stück für Stück aus diesem Kreislauf herauszuführen.

Ähnlich ist es auch, wenn wir Angst vor Veränderung haben – gerade in dieser krisenhaften Zeit. Aber glauben Sie mir: Auch diese Zeit wird vorbeigehen. Noch vor einigen Wochen war ich davon überzeugt, dass

Cesar und der liebe Gott, © Katja

es nie etwas Schlimmeres für mich geben könnte, als das langsame Sterben und den Tod meines Vaters miterleben zu müssen. Ich glaubte, nie wieder atmen zu können, nie wieder Freude empfinden zu können ... Doch dann kam Corona und alles wurde anders. Die Krise zwang mich, innezuhalten, in mich zu gehen, zu trauern, Zeit mit mir allein zu verbringen. Aber vor allem gab sie mir Zeit zum Nachdenken, Zeit, mich neu zu sortieren und sie schenkte mir Zeit zum Schreiben. »Unsere größten Ängste sind die Drachen, die unsere tiefsten Schätze bewahren«, schrieb Rainer Maria Rilke.

Cesar und der liebe Gott

Afrika ist wohl der Kontinent mit den größten Kontrasten, mit den atemberaubendsten Sonnenuntergängen, dem schönsten und wärmsten Licht, das ich je gesehen habe, und mit einer Tiervielfalt, die ihresgleichen sucht. Die Kurzgeschichte »Cesar und der liebe Gott«, die ich Ihnen gleich erzählen werde, ist inspiriert von einer Safari, die ich vor einigen Jahren in Botswana erlebt habe. Damals sind wir einem Löwenrudel gefolgt. Über mehrere Tage hinweg haben wir die Löwen, Löwinnen und ihre Jungen in der freien Wildbahn beobachtet. Und ich muss gestehen, dass ich nie etwas Bezauberndere, Mächtigeres und Anrührenderes erlebt habe, als in jenen Tagen. Wie zärtlich und respektvoll die Löwen miteinander umgingen, wie sie sich gegenseitig ihre gewaltigen Mähnen leckten, während wir nur wenige Meter von ihnen entfernt in den Jeeps saßen, wie liebevoll die Löwinnen tagsüber mit ihren Jungen spielten und sich nachts in umsichtige Jägerinnen verwandelten, die keine Gnade mit ihren Opfern kannten, hat mich tief berührt. Es ist der Lauf der Natur, der sich hier wie nirgendwo sonst widerspiegelt. Leben und Tod liegen hier so nahe aneinander, dass man manchmal den Atem anhält.

»Cesar und der liebe Gott« ist nun die fiktive Geschichte einer jener schicksalhaften Veränderungen, die unser Leben um 180 Grad dreht und nichts mehr so sein lässt, wie es einmal war. Der kleine Cesar erfährt eine tragische Wendung in seinem noch so jungen Leben, und vielleicht wird Sie diese Geschichte mit der Frage zurücklassen, die wir uns oft stellen, wenn solche Dinge geschehen: »Warum?« Angestrengt suchen wir nach einer Antwort, die Sinn ergibt. Denn was wäre unser Leben und was wären wir, wenn es keinen Sinn gäbe? Wofür würden wir leben? Doch genau diese Frage nach dem Warum ist es, auf die wir nie eine Antwort bekommen werden.

Vielleicht hilft uns der Gedanke, dass Leben und Tod doch irgendwie miteinander in Verbindung stehen. Vielleicht liegt etwas Tröstliches darin, wenn wir uns vorstellen, dass alles Gute, das wir hier im Leben getan haben, nach unserem Tod belohnt wird. Dann wären das Diesseits und das Jenseits untrennbar miteinander verbunden. Eventuell hilft es uns, wenn wir uns vorstellen, dass diejenigen, die es schwer im Leben hatten, nach dem Tod entschädigt werden. Und vielleicht tröstet es uns auch, dass diejenigen, die in ihrem Leben viel Leid über andere gebracht haben, nach dem Tod dafür geradestehen müssen. Denn all das würde bedeuten, dass das, was wir in diesem Leben getan haben, eine ewige Bedeutung hat. Nichts wäre verloren – auch nicht die schönen Augenblicke, die wir mit geliebten Menschen verbracht haben, die dankbaren Momente und die Zeiten voller Liebe und Glück. Alles wäre für immer im Jenseits geborgen und aufgehoben. Natürlich ist das nur ein schwacher Trost, aber vielleicht ist es der einzig wirkliche Trost, den wir finden können: Dass wir – wie der kleine Cesar in unserer Geschichte – an etwas glauben können, das größer ist als wir, an etwas, das überdauert, das ewig ist und uns hilft, auch die dunkelsten Zeiten unseres Lebens zu überstehen.

***

Die Nachmittagssonne flimmert über der trockenen Steppe im 40 Grad heißen Okavango-Delta in Botswana. Ein paar Löwinnen liegen faul auf einer kleinen Anhöhe im Schatten eines Baumes, zwei Männchen ruhen etwas entfernt auf einem Termitenhügel. Dazwischen spielt der Löwenjunge Cesar mit seinem kleinen Bruder. Ausgelassen tollen die beiden miteinander, jagen sich über vertrocknete Baumstümpfe und spielen mit herumliegenden Ästen. Cesar ist einfach unersättlich. Immer wieder animiert er seinen Bruder, den die Hitze und das Spiel müde gemacht haben: »Komm, los, weitermachen!« Als der Bruder schließlich entkräftet zu Boden sinkt und nach Luft schnappt, schaut Cesar bei seiner Löwenmama vorbei und versucht, etwas Milch zu saugen. Unterdessen kommt einer der beiden Löwenmänner herübergetrottet. Cesar verlässt den wundervollen, warmen Platz am Bauch seiner Mama und zieht übermütig an den Barthaaren des Mannes. Wenig später klettert er auf seinen Rücken und spielt mit seiner dichten Mähne. Der Löwe lässt ihn gewähren. Unterdessen schüttelt sich das zweite Löwenmännchen, steht auf und brüllt markerschütternd.

»Was der kann, kann ich doch auch!«, denkt Cesar und versucht sich im Brüllen. Doch so sehr er sich auch anstrengt, bringt er doch nicht mehr als ein leises Husten hervor. Bis zur Meisterschaft, bis auch er ein wahrer »König der Löwen« sein wird, ist es also noch ein weiter Weg.

Als es gegen 18 Uhr endlich etwas kühler wird, setzt sich das Rudel in Bewegung. Für die Löwinnen beginnt jetzt die Jagd – denn die ist bei den Löwen Frauensache! Im Schutz der Dunkelheit werden sie sich an einige Gnus, Antilopen oder Impalas heranpirschen.

Wenig später ist das kleine Rudel an einem Wasserloch angelangt. Gierig lässt auch Cesar seine Zunge ins kühle Nass gleiten. Wunderbar, wie gut das tut! In dieser brütenden Hitze brauchen sie viel Wasser. Unterdessen setzt seine Löwenmama zum Sprung an und landet mit einem kräftigen Satz sicher auf der anderen Seite des Lochs. Cesar zögert. Wird er es schaffen? Was, wenn er im Wasser landet? Was, wenn es tief ist und er darin ertrinkt oder viel schlimmer: Was, wenn sich vielleicht ein Hippo darin versteckt hat? Obwohl das bei diesem kleinen Wasserloch eher ausgeschlossen scheint, traut sich Cesar nicht zu springen. Er weiß, wie gereizt die Kolosse reagieren können, wenn man sie in ihrem Revier und vor allem in ihrer Ruhe störte. Als schließlich alle Löwen – auch sein Bruder – auf der anderen Seite angelangt sind, bleibt ihm nicht viel Zeit zum Überlegen.

Plötzlich sieht er, wie sich ein großer, dunkelgrüner Jeep nähert. *Eigentlich nichts Ungewöhnliches,* denkt der Löwenjunge, *schließlich kommen täglich einige Jeeps mit dutzenden Touristen vorbei.* Doch dieses Mal ist alles anders. Die Männer steigen aus, und plötzlich hört er Schüsse. Er sieht wie sein Bruder, seine Mutter, und auch die Löwenmännchen zusammenbrechen. Cesar rennt um sein Leben. Er weiß, dass ihm jetzt nur eines bleibt: Laufen und den Schutz einiger Büsche oder großer Elefantenbäume zu suchen, um den Wilderern zu entgehen. Hoffentlich haben sie ihn nicht bemerkt.

Cesar zittert. Er verkriecht sich in einem großen, hohlen Baumstamm. Von seiner Löwenmutter weiß er, dass das ein gutes Versteck vor Hyänen und sonstigen Feinden ist. Er weiß, dass er hier sicher ist – doch ob es auch ein gutes Versteck vor den Wilderern ist?

Cesar weint. Denn von jetzt an ist er ganz allein. Was soll nun aus ihm werden? Er weiß, dass er allein in der Wildnis so gut wie keine Überlebenschance hat! Und jagen kann er noch nicht, wovon also soll er sich ernähren? Wer wird nun auf ihn aufpassen? Wer wird ihn lieben und für ihn da sein? Plötzlich hält er inne: Seine Mutter hat in solchen Momenten, in denen sie vollkommen verzweifelt war, immer gebetet. Vielleicht ist dieser Gott ja nun auch für ihn da? Und vielleicht würde er auch ihn lieben?

Cesar betet zum ersten Mal in seinem jungen Leben: »Lieber Gott, bitte hilf mir!«

Zunächst tut sich nichts. Doch er spürt, wie er langsam ruhiger wird.

Die Wilderer scheinen weg zu sein, denn wenn sie ihn bemerkt hätten, müssten sie längst hier sein. Sein Magen knurrt. Irgendetwas muss er essen. Doch noch traut er sich nicht, den sicheren Schutz seines Verstecks zu verlassen. Plötzlich hört er die lauten Stimmen von Hyänen, die sich offensichtlich um Beute zanken. Ein furchtbares, ohrenbetäubendes Gejaule dringt zu ihm herüber. Eine ganze Weile geht das so, und Cesar verharrt ängstlich und reglos in seiner »Höhle«. Dann wird es still.

Langsam wagt er sich aus seiner Deckung und schaut vorsichtig heraus: Dort, nur ein paar Meter von ihm entfernt, liegt eine tote Antilope, schmal, dünn und noch sehr klein. Es scheint ein Jungtier zu sein. Vorsichtig pirscht sich Cesar an die Beute heran, immer wieder schaut er sich um, ob auch ja keine Hyäne mehr in der Nähe ist. Die Luft ist rein, sie sind wohl weg. Dann schlägt Cesar zu.

Behutsam zerrt er die Antilope in seinen Unterschlupf, um sie in Ruhe verspeisen zu können. Und noch während er sein unerwartetes Mahl genießt, bedankt er sich bei diesem unbekannten Gott: »Danke, lieber Gott, dass du auf mich aufgepasst und mir geholfen hast.«

Wieder wird ihm ganz warm ums Herz. Er spürt einen unglaublichen Frieden in sich und weiß: »Ja, Gott liebt mich, so wie mich noch nie einer der Löwen geliebt hat. Er liebt mich so sehr wie mich kein Löwe jemals lieben kann!«

Aber was, überlegt Cesar, *wenn dieser Gott irgendwann verschwindet, weil er jemand anderem helfen muss, der wie ich in Not ist?*

Vorsichtig fragt er ihn: »Gehst du etwa wieder weg wie all die anderen?«

Und Gott antwortet: »Nein, Cesar, ich bin immer für dich da und werde immer für dich da sein, ganz egal, was auch geschieht.«

Abschied für immer?

Die Fahrt an die Nordsee verlief ruhig. Sonne und Regen wechselten fast minütlich ab. Plötzlich, als ich mal wieder in meinen Gedanken versunken war, blieb mein Blick an einem wunderschönen Regenbogen hängen. In all seiner Pracht erstrahlte sein buntes Farbband über dem Wald am Rand der Autobahn. Unvermittelt fiel mir ein Spruch aus der Bibel ein. Im 1. Mose 9,13 heißt es: »Meinen Bogen habe ich gesetzt in die Wolken, der soll das Zeichen sein des Bundes zwischen mir und der Erde.« *Was,* dachte ich, *wenn mein Vater mir dieses machtvolle Zeichen gesandt hat?* Vielleicht wollte er mich mit seiner Liebe einhüllen, mir Hoffnung geben, mich wachsen lassen und versöhnen. Versöhnen? Wie sollte ich versöhnt werden mit seinem Tod und damit, ihn nie wieder umarmen zu können, nie wieder mit ihm sprechen zu können und nie wieder den Klang seiner festen, warmen Stimme zu vernehmen? Wie sollte ich je damit versöhnt werden? Wie sehr ich meinen Vater doch vermisste! Tränen rannen über meine Wangen. Und doch: Die Schönheit dieses Regenbogens konnte ein Anfang sein, denn er führte mir machtvoll vor Augen, dass Schmerz und Trauer nie die letzten Optionen unseres Leben sein konnten. Nein! Da gab es noch so viel mehr: Wundervolles, Abenteuerliches, Spannendes und Herausforderndes, das noch entdeckt werden wollte. Es war das Leben, das wieder auf mich wartete, sobald ich bereit dafür war. Es waren all die schönen Momente, die noch gelebt werden wollten. Momente tiefen Glücks und Augenblicke vollkommener Liebe ...

Als ich am nächsten Morgen mit meinem Dalmatiner Whiskey das kleine Reethäuschen am Meer, das ich gemietet hatte, verließ, kam mir der Regenbogen wieder in den Sinn. Wie schön, dass es Momente wie diesen gab. Doch die morgendlich Kälte ließ mich wieder ganz ins Hier und Jetzt zurückkehren. *Wie gut,* dachte ich, *dass ich den Schal und die Handschuhe mitgenommen habe.* Der Wind war kühl und frischte immer wieder böig auf. Trotz dieser geradezu frostigen Begleitung ließ ich mir die Laune nicht verderben. Ich lief mit Whiskey durch das kleine Waldstück mit den Kiefern, deren kahle, dünne Stämme sich in

Windrichtung gebogen hatten, weil sie den Stürmen nicht standhalten konnten. Wenig später standen wir oben auf einem kleinen Weg, der über den Felsen führte und den Blick aufs Meer hinab freigab. Einige Wolken, die so leicht und fluffig wie Wattebäusche aussahen, zogen am Himmel gen Westen, die Sonne lugte dennoch immer wieder hervor. Begeistert liefen wir das letzte Stück hinunter zu den Dünen, stiegen die kleine Holztreppe hinab und erreichten den Strand. Während Whiskey ausgelassen im Sand herumtollte und mit einem großen Holzklotz spielte, den er gefunden hatte, blieb ich einen Moment lang wie verzaubert stehen. Ich sog die klare, kühle Meeresluft ein, als gäbe es kein Morgen, und lauschte der ungestümen Brandung des Meeres. Immer wieder atmete ich bewusst ein und wieder aus, während mein Blick über den schier endlosen Horizont glitt. Wenig später schaute ich mich suchend nach dem Teil des Strandes um, der den längsten Spaziergang versprach, ohne dass mächtige Gesteinsbrocken den Weg unpassierbar machten. Ich entschied mich für die rechte Seite und lief los. Ein riesiger, menschenleerer Strand lag vor mir. Immer wieder sprang Whiskey in die Wellen, um sich wenig später von der Brandung wieder an den Strand spülen zu lassen und weiterzutollen.

Die Zeit verging wie im Flug. Während ich lief, entdeckte ich hin und wieder interessante kleine Steine im Sand. Ich hob sie auf und ließ sie durch meine Hände gleiten. Ich dachte an das Abschiedsritual, von dem mir eine Schamanin erzählt hatte: Ein Ritual, mit dem man Dinge loslassen konnte, die viel Schmerz und Leid im Leben verursacht hatten. *Es sind doch gerade diese kleinen Rituale, die in unserem Leben immer wieder eine zentrale Rolle einnehmen,* dachte ich. »Such dir einen Stein für ein bestimmtes Thema, das dich beschäftigt«, hatte die Schamanin gesagt, »spüre seine Energie, bedanke dich bei ihm für seine Unterstützung und wirf ihn ins Meer.«

Liebevoll betrachtete ich den halbrunden, blassrosafarbenen Stein, den ich gefunden hatte, drehte und wendete ihn in meiner Hand, spürte seine glatten, fast samtigen Ränder. Ob er wohl geeignet war, den Schmerz über den Tod meines Vaters loszulassen? Die Trauer war ein mächtiger Begleiter und ich wusste, dass man sie nicht einfach loslassen kann, sondern durchleben musste, um frei zu werden. Und das brauchte Zeit. Also stellte ich mir vor, wie schön es jetzt wäre, wenn mein Vater hier bei uns sein könnte, an seinem geliebten Meer. Ich spürte, wie sich meine Stimmung aufhellte und sah in Gedanken sein Lächeln. Ich wusste, dass es ihn gefreut hätte, Whiskey und mich hier zu sehen – war er doch sein ganzes Leben lang fest und innig mit dem Meer verbunden gewesen. Ich dachte an das letzte Buch, das er gelesen hatte: »Der alte Mann und das Meer« von Ernest Hemingway. *Seltsam,* dachte ich, *ausgerechnet dieses Buch hat er gelesen, wenngleich sonst Bücher nicht seine Welt waren.* Und doch muss es etwas gegeben haben, das ihn dazu gebracht hatte, einzusteigen in eine Welt, die ihm sonst so verschlossen geblieben war. Ich dachte an Weihnachten und die letzten Tage, die wir gemeinsam im Tramuntana-Gebirge auf Mallorca verbracht hatten. Draußen auf der Terrasse hatten wir es ihm bequem gemacht und eine Wolldecke über seine Beine gelegt, denn es waren kühle Tage mit stetem Wind gewesen. *Fast wie jetzt,* dachte ich. Mein Vater hatte versonnen hinunter auf die Bucht von Palma geschaut und sich immer wieder in seine Lektüre vertieft. Es war das wohl traurigste Weihnachtsfest meines Lebens gewesen. Nichts im Leben fällt so schwer, wie Abschied zu nehmen und geliebte Menschen für immer loszulassen, sie freizugeben für etwas, das größer ist als wir es uns vorstellen können. Warum fällt uns das bloß so unendlich schwer? Vielleicht liegt es daran, dass wir von Geburt an auf Bindung programmiert sind. Und so müssen wir uns gegen unsere Natur stemmen und das Loslassen im Laufe unseres Lebens mühsam und immer wieder schmerzvoll lernen. Und enthält der Akt des Loslassens nicht immer unwägbare Komponenten? Nie wissen wir, was kommt, wenn wir uns von einem geliebten Menschen verabschieden. Wir wissen nicht, wie das Leben oder wie allein das Morgen sein wird, wir wissen nicht, wie es sich anfühlen wird, ob der Schmerz je verschwinden und ob wir diese Lücke jemals schließen werden oder ob diese Leere bleiben wird. Wir wissen nicht, wie die Tage ohne diesen Menschen sein werden. Alles, was wir wissen und erfahren, ist dieser Schmerz, der so groß ist und tief geht, dass wir glauben, er werde niemals enden. Ich fühlte, dass mein Vater mir fehlte, spürte, dass es wehtat und schmerzte wie eine tiefe, klaffende Wunde, die immer wieder aufreißt und blutet.

Loslassen ist ein Prozess. Es geht nicht ad hoc. Man kann eben nicht einfach die Hand öffnen, einen Stein werfen und plötzlich ist das Leben anders.

Auch meinem Vater muss das Loslassen schwergefallen sein. Wie sehr hatte er gelitten, und dennoch nie aufgegeben. Erst nach jahrelangem Kampf war sein Körper von unzähligen Chemo-Tabletten-Therapien zu schwach, um sich noch einmal aufzubäumen und Kraft zu schöpfen. »Es ist ein langsames Sterben«, hat er damals zu mir gesagt. Worte, die schmerzten, die sich tief in meine Seele brannten und mein Herz zu zerreißen drohten. Und doch hatte er sein Schicksal so unfassbar tapfer angenommen, nie geklagt und immer seine Würde bewahrt. Und vielleicht hatte er deshalb so großen Gefallen an Hemingways Fischer Santiago gefunden, der allein in seinem kleinen Boot im Golfstrom fischte und viele Tage hinausfuhr, ohne einen Fisch zu fangen. Am fünfundachtzigsten Tag schließlich fing der alte Fischer einen Marlin, der so gigantisch war, dass er ihn nicht an Bord seiner kleinen Schaluppe hieven konnte. Er vertäute das Tier längs an einer Seite des Bootes. Auf der mühsamen Rückfahrt zu seinem kleinen Dorf auf Kuba wurde sein einfaches Holzboot immer wieder von einem Schwarm Haie angegriffen. Und wenngleich der Fischer den Kampf jedes Mal aufnahm und sich mutig gegen die Raubtiere stemmte, fraßen sie doch Stück für Stück des Fisches und zerlegten ihn bis aufs Gerippe. Als Santiago schließlich sein Dorf erreichte, hatte er lediglich das Skelett im Schlepptau. Wieder dachte ich an meinen Vater und wusste: Wie dieser Fischer hatte er diesen einen großen Kampf zwar verloren, aber dennoch war er nie besiegt worden. Denn er hatte nie seine Würde und seine Zuversicht verloren, nie seine menschliche Größe und nie seinen Lebensmut aufgegeben. Und kommt nicht früher oder später für jeden von uns der Augenblick, in dem wir Rechenschaft ablegen müssen vor einer höheren Ordnung, vor einem Gott, und vor allem vor uns selbst? Und wie wird es aussehen, wenn dieser Tag kommt? Was werden wir sagen? Haben wir Fehler gemacht? Hätten wir an einigen Punkten vielleicht anders entscheiden und andere Wege einschlagen müssen? Hätten wir so manchen Schmerz und so manche tiefe Verletzungen vermeiden können? Ganz bestimmt. Schließlich ist niemand von uns fehlerfrei. Das Wichtigste ist jedoch, dass wir uns selbst verzeihen können, mit uns im Reinen sind und dass wir sagen können: »Ja, das war mein Leben! Und jeder meiner Fehler gehörte zu mir, zu meinem Weg. Jede Fehlentscheidung und jede noch so schmerzvolle Niederlage war gut für meine Entwicklung!«

Tränen kullerten über mein Gesicht. Wie sehr ich meinen Vater vermisste, seine tröstlichen Worte, seine fürsorglichen Gesten, seinen liebenden Blick und die Art, wie er sich immer lachend mit der Aufforderung »Mach dein Ding!« von mir verabschiedet hatte. *Ja, geliebter Papa, ich mache mein Ding,* dachte ich und musste lächeln. Wie sehr hoffte ich, dass er dort, wo er jetzt war, geborgen war, frei von Schmerz und Leid und umfangen von Licht und Liebe. Wie schön wäre es, ihn noch einmal zu sehen ...

Und vielleicht sehen wir uns ja wieder. Irgendwann. Ich wusste längst, dass dies kein Abschied für ewig war. Ich wusste es seit jener Nacht, in der ich spürte, dass seine Seele sich von mir verabschiedet hatte. Nie hatte ich mehr geweint, nie war ich untröstlicher, nie trauriger, verzweifelter und hoffnungsloser gewesen als in jenen Stunden.

Kurz zuvor war ich aus dem Krankenhaus zurückgekehrt, noch immer benommen von den Eindrücken jenes Nachmittags. Aber am meisten kämpfte ich mit dem Satz, den die junge Oberärztin mir entgegenschmettert hatte, als ich sie nach dem palliativen Behandlungsplan fragte: »Ihr Vater wird sterben!« Keine Erklärung, kein Kommentar. Nur dieser Satz, der sich tief in mein Gehirn einbrannte und mir den Boden unter den Füßen wegzureißen drohte. Es war, als ob die Ärztin mit diesem Satz mein Leben für immer verändert hatte. Es war, als ob sich erst mit ihren Worten etwas in jeder Faser meines Seins manifestieren wollte: Die Erkenntnis, dass ich meinen Vater loslassen musste, ihn nie wieder sehen würde. Es war die Erkenntnis, dass ab jetzt alles anders sein würde.

Nur mit Mühe hatte ich die Autofahrt nach Hause geschafft. Und dann lag ich auf meinem Bett und wurde von einem immer wiederkehrenden Tränenmeer überflutet, dessen Wucht mich fast zu ersticken drohte. Doch irgendwann am frühen Morgen spürte ich eine Berührung. Sie war zart und sanft wie ein leichter Luftzug. Ich glaubte, eine ganz leise Stimme zu vernehmen, die flüsterte: »Alles wird gut. Wir werden uns wiedersehen.«

Es bleibt nicht mehr viel Zeit, bis die Flut zurückkehrt, dachte ich. Wir mussten zurück, bevor das Wasser uns den Weg abschnitt und der Strandabschnitt unpassierbar wurde. Ja, unser aller Leben ist wie die Gezeiten, die durch das Zusammenspiel von Erde und Mond entstehen. Es ist ein ständiger Wechsel von Nacht und Tag, von dunklen und lichten Momenten, von leidvollen und glücklichen Erfahrungen, von Einsamkeit, Liebe, schmerzvollen Abschieden und tröstlichen Augenblicken.

Ich dachte an einen Artikel, den ich kurz zuvor gelesen hatte. Darin stand, dass die Energie, die durch die Wasserströmungen im Zuge der Gezeiten entsteht, nahezu unerschöpflich ist. Forscher schätzen, dass Wellen und Gezeiten bis zu zehn Prozent des weltweiten Strombedarfs decken könnten. Das ist immens! Und bislang wurde diese Energiequelle kaum genutzt. Und vielleicht ist es auch in unserem Leben so. Die Gezeiten, die uns immer wieder bewegen und uns manchmal zu überfluten drohen, nutzen wir sehr selten, um Kraft zu schöpfen. Wie oft überlassen wir uns ihnen orientierungslos und drohen im überfluteten Watt zu ertrinken?

Wie gut wir uns auch vorbereiten und versuchen, unsere Kraftquellen zu aktivieren und zu nutzen: Veränderungen, Abschied und Neubeginn gibt es nicht, ohne dass wir vermeintlich sicheres Terrain aufgeben, ohne dass wir trauern, ohne dass wir schmerzvoll Abschied nehmen. Jeder Abschied, jedes Loslassen kommt einem psychischen Erdbeben gleich. Und den größten Schatz, den diese Erdbeben vielleicht zutage fördern, können wir oft erst erkennen, wenn sich die Staubwolken gelegt haben.

Mr Hope, © Katja

Mr Hope und die Traurigkeit

Wie jeden Sommermorgen watschelte ein kleiner Pinguin fröhlich am Boulders Beach in der Nähe der südafrikanischen Stadt Simon's Town entlang. Obwohl er schon zu den älteren Pinguinen seiner Kolonie gehörte, hatten seine Bewegungen so etwas Leichtes und sein Lächeln jenen frischen Glanz eines unbekümmerten jungen Pinguins. Etwas tollpatschig bewegte er sich fort, während er das muntere Treiben in der Nähe seiner Kolonie beobachtete. *Merkwürdig*, dachte er. *Diese Menschen! Was für seltsame Wesen sie doch sind. Jedes Jahr kommen sie in Scharen hierher, nur um uns Pinguine zu sehen.*

Damit er schneller vorankam, rutschte er auf dem Bauch durchs Wasser. Wie wunderbar das war, das kühle Wasser und den feuchten Sand unter seinem Bauch zu spüren. *Das Leben kann so schön sein*, dachte er, während er durch das kühle Nass glitt, die Möwen schreien hörte und ein paar Wale in der Bucht beobachtete.

Plötzlich sah er eine schwarze, zusammengerollte Gestalt am Strand liegen und bremste. Er stellte sich auf seine Füße, watschelte mit einigen Fischen, die er gerade gefangen hatte, zu der Gestalt hinüber, beugte sich zu ihr hinab und fragte: »Wer bist du?«

Zwei fast leblose grüne Augen blickten ihn müde an. »Ich? Ich bin Kater Moses, die Traurigkeit«, flüsterte der Angesprochene mit einer Stimme, die so leise war, dass der Pinguin sie kaum hören konnte.

»Ach, die Traurigkeit!«, rief er erfreut aus, als würde er einen alten Bekannten begrüßen.

»Du kennst mich?«, fragte Moses misstrauisch.

»Natürlich kenne ich dich! Immer wieder mal hast du mich ein Stück des Weges begleitet.«

»Ja, aber ...«, argwöhnte der Kater, »warum flüchtest du dann nicht vor mir? Hast du denn keine Angst?«

»Warum sollte ich vor dir davonlaufen, mein Lieber? Du weißt doch selbst nur zu gut, dass du jeden Flüchtigen einholst. Aber, was ich dich fragen will: Warum siehst du so mutlos aus?«

»Ich ... ich bin traurig«, sagte Kater Moses.

Der Pinguin setzte sich zu ihm. »Traurig bist du also«, sagte er und nickte verständnisvoll. »Erzähl mir doch, was dich so bedrückt.«

Kater Moses seufzte tief.

»Hier, nimm erst mal einen leckeren Fisch«, sagte der Pinguin, und hielt Moses ein besonders prächtiges Exemplar vor die Schnauze.

Moses leckte sich sein Maul und fragte: »Wirklich, ist der für mich?«

»Ja«, bestätigte der Pinguin.

Moses zögerte zunächst, aber dann schlang er den Fisch gierig herunter. Er war hungrig.

»Ach, weißt du«, begann er schließlich zögernd und verwundert darüber, dass ihm dieser merkwürdige Pinguin nicht nur etwas zu essen gebracht hatte, sondern IHM auch noch zuhören wollte, »es ist so, dass mich einfach niemand mag. Es ist nun mal meine Bestimmung, unter die Menschen zu gehen und für eine gewisse Zeit bei ihnen zu verweilen. Aber wenn ich zu ihnen komme, schrecken sie zurück. Sie fürchten sich vor mir und meiden mich wie die Pest.« Er schluckte schwer. »Sie haben Sätze erfunden, mit denen sie mich bannen wollen. Sie sagen: ›Papperlapapp, das Leben ist heiter.‹; und ihr falsches Lachen führt zu Magenkrämpfen und Atemnot. Sie sagen: ›Gelobt sei, was hart macht.‹; und dann bekommen sie Herzschmerzen. Sie sagen: ›Man muss sich nur zusammenreißen.‹; und sie spüren das Reißen in den Schultern und im Rücken. Sie sagen: ›Nur Schwächlinge weinen.‹; und die aufgestauten Tränen sprengen fast ihre Köpfe. Oder aber sie betäuben sich mit Alkohol und Drogen, damit sie mich nicht fühlen müssen.«

»Oh ja«, bestätigte der Pinguin, »solche Menschen sind mir auch schon oft begegnet ...«, während sich der Kater wieder ein wenig mehr zusammenrollte.

»Und dabei will ich den Menschen doch nur helfen. Wenn ich ganz nah bei ihnen bin, können sie sich selbst begegnen. Ich helfe ihnen, ein Nest zu bauen, um ihre Wunden zu pflegen. Wer traurig ist, hat eine besonders dünne Haut. Manches Leid bricht wieder auf wie eine schlecht verheilte Wunde; und das tut sehr weh. Aber nur, wer die Trauer zulässt und all die ungeweinten Tränen weint, kann seine Wunden wirklich heilen. Doch die Menschen wollen gar nicht, dass ich ihnen dabei helfe. Stattdessen schminken sie sich ein grelles Lachen über ihre Narben. Oder sie legen sich einen dicken Panzer aus Bitterkeit zu.«

Moses schwieg. Sein Weinen war erst schwach, dann stärker und schließlich ganz verzweifelt. Der Pinguin legte tröstend seine Flossen um die zusammengesunkene Gestalt. *Wie weich und sanft er sich anfühlt,* dachte er und streichelte durch das zerzauste Fell des zitternden Bündels.

»Weine nur, Moses«, flüsterte er liebevoll, »ruh dich aus, damit du wieder Kraft sammeln kannst. Du sollst von nun an nicht mehr alleine wandern. Ich werde dich begleiten, damit die Mutlosigkeit nicht noch mehr Macht gewinnt.«

Moses hörte auf zu weinen. Er richtete sich auf, streckte und reckte sich und betrachtete erstaunt seinen neuen Gefährten: »Aber ... aber – wer bist du eigentlich?«

»Ich?«, sagte der Pinguin schmunzelnd. »Ich bin Mr Hope, die Hoffnung.«

Mr Grey, der Zirkuselefant, © Katja

Mr Grey, der Zirkuselefant

Erinnern Sie sich noch an Ihren letzten Besuch im Zirkus? Bestimmt haben Sie dort auch einen prachtvoll geschmückten Elefanten erlebt, der mit seinem Dompteur wunderbare Kunststücke aufgeführt hat, der getanzt und Männchen gemacht hat, als hätte er nie in seinem Leben etwas anderes getan. Doch was geschieht eigentlich mit ihm, nachdem er die Manege verlassen hat?

Mr Grey ist ein solcher Elefant. Schon seit vielen Jahren lebt er in einem kleinen Zirkus in Indien und kehrt nach jeder Vorstellung mit seinem Pfleger Carlo zurück an seinen Platz auf dem Zirkusgelände. Ohne zu murren lässt er sich sein Geschirr mit dem prächtigen Federschmuck abnehmen, nimmt die Banane, die ihm Carlo nach jeder Vorstellung reicht, dankbar mit seinem Rüssel auf und lässt seinen rechten Fuß an einen kleinen Pflock ketten. Und obwohl die Kette mächtig und schwer ist, steht außer Zweifel, dass der tonnenschwere Mr Grey die Kraft hätte, sich problemlos von diesem Pflock zu befreien und zu fliehen. Doch warum tut er es nicht? Warum verharrt er an der Kette? Was hält ihn davon ab, sich auf und davon zu machen?

Eine mögliche Antwort darauf wäre, dass Mr Grey nicht flieht, weil er glaubt, dass er es nicht kann. Allzu tief hat sich die Erinnerung daran, wie ohnmächtig er sich kurz nach seiner Geburt gefühlt hat, in sein Gedächtnis eingebrannt. Er stürzte aus der Geborgenheit des warmen Leibes seiner Mutter auf den kalten, harten Boden des Elefantenhauses. Nur wenige Sekunden später sah er, dass sich seine Mutter nicht mehr bewegte. Die einzige Erinnerung an seine Geburt war die unglaubliche Einsamkeit, Traurigkeit und Hilflosigkeit, die er verspürt hat. Er glaubte, dass er wohl nie in diesem Leben etwas Schönes erleben würde. Natürlich gab es von Anfang an Menschen, die sich um ihn kümmerten, die Akrobaten, Zauberer, Dompteure aus dem Zirkus, die ihm Milch gaben und ihn großzogen, aber das war nicht das Gleiche. Seine Mutter fehlte ihm ... Nie konnte er diese schreckliche Erfahrung vergessen, und so blieb er in dem Zirkus bei den Menschen, die für ihn da waren, obwohl es nicht seine Heimat war, nicht der Ort, an dem er sich geborgen, geliebt und sicher aufgehoben fühlte. Dennoch hatte er nie versucht, seine Kraft auf die Probe zu stellen und auszubrechen. Mr Grey fühlte sich schwach, klein und hilflos, er wusste nicht, welch ungeheure Kraft in ihm schlummerte. Bis zu jenem Tag! Es war ein wunderschöner Sommerabend, die Sonne war gerade hinter dem großen Hügel am Horizont verschwunden, und sein Pfleger Carlo hatte ihn angekettet, wie so viele Mal zuvor. Und doch war heute etwas anders. Mr Grey spürte, dass seine Zeit gekommen war, um endlich aus der Enge des Zirkusgeländes zu fliehen. Er stellte seine riesigen Ohren auf und lauschte, ob die Luft rein war. Als alles still blieb, zerrte er an der Kette. Der Pflock sprang aus dem Boden und Mr Grey spazierte in aller Seelenruhe davon. Niemand hielt ihn auf. *Wie schön das Leben doch sein kann,* dachte er, während er seine ersten Schritte in den nahegelegenen Dschungel tat. Warum hatte er nur so lange gezögert? Auf seinem Weg kam er an einer riesigen Bananenstaude vorbei. Er pflückte eine der wunderbaren gelben Früchte und steckte sie mit seinem Rüssel in den Mund. Was für ein Gefühl, nicht warten zu müssen, bis jemand glaubte, dass es nun Zeit für ihn sei, eine solche Belohnung zu bekommen. Jetzt konnte er sich seine Banane selbst holen, so oft und wann immer er wollte. Mit einem Mal kannte er die Antwort, wusste, warum er so lange gezögert hatte, seinen eigenen Weg zu gehen: Es war der Glaube an sich selbst, der Glaube daran, dass er es schaffen konnte, der ihm die ganze Zeit über gefehlt hatte. Aber jetzt spürte er sie, diese ungeheure Kraft, die tief aus seinem Innersten aufstieg. Fröhlich hielt er seinen Rüssel in den Wind und begann zu laufen. Schneller und schneller, in sein neues Leben ...

Liebe LeserInnen, seien wir ehrlich: Geht es uns nicht allen ein bisschen so wie Mr Grey? Wir bewegen uns in unserer Welt, als wären wir an Pflöcke gekettet. Wir glauben, etliche Dinge nicht zu können, bloß weil wir es noch nie probiert haben oder vor langer Zeit bei einem Versuch gescheitert sind. Wir haben uns genauso verhalten wie der Elefant, weil sich in unserem Gedächtnis die Botschaft »Ich kann das nicht, und ich werde es niemals können« eingebrannt hat. Mit dieser Botschaft, dass wir machtlos seien, sind wir groß geworden – und seitdem haben wir niemals mehr versucht, uns von unserem Pflock loszureißen. Und manchmal, wenn wir die Fußfesseln wieder spüren, gerät der Pflock in unser Blickfeld, und wir denken wieder: »Ich kann nicht, und werde es niemals können.«

Was wir aus dieser kleinen Geschichte lernen können? Der einzige Weg, um herauszufinden, ob wir etwas wirklich können oder nicht, ist, an sich selbst zu glauben und so wie Mr Grey seinen eigenen Weg zu gehen – und zwar mit vollem Risiko, mit Liebe, Herz und Leidenschaft!

Vom Wunsch, sein Leben zu verändern, © Katja

Vom Wunsch, sein Leben zu verändern

Wie jeden Morgen schlüpfte Christian in seine Trainingshose, zog seine graue Fleecejacke mit Kapuze über und seine Laufschuhe an. Es war früh, seine Familie schlief noch. Hin und wieder hörte man in seiner Nachbarschaft einen Hahn krähen. Leise schloss er die Wohnungstür auf, schlich die Treppe hinunter, öffnete die Haustür und begann zu laufen. Er lief in den Englischen Garten, hinunter zum See, und joggte den kleinen Weg, der sich ein ganzes Stück direkt am See entlangschlängelt.

Unweit des Monopteros sah er eine ältere Frau, die die wilden Krähen im Park fütterte. Ein ganzer Schwarm hatte sich auf dem Rasen niedergelassen. Jeden Morgen war die Frau hier. Immer verteilte sie Nüsse sowie Brot- und Kuchenreste an die grau-schwarzen Rabenvögel. Er nickte ihr zu und wollte eigentlich schnell weiter, denn schließlich hatte er nach dem Joggen noch eine Menge Arbeit zu erledigen. Doch irgendetwas ließ ihn innehalten. Er stoppte seinen Lauf und fragte:

»Warum füttern Sie diese Vögel?«

Die ältere Frau blickte ihn an und erzählte, dass sie seit jeher ein besonderes Verhältnis zu diesen Tieren habe. »Wissen Sie, manche sagen, sie bringen Unheil, andere glauben, dass sie Boten aus der Welt der Verstorbenen sind, und wieder andere glauben, dass sie Glück bringen und ein Omen für den glücklichen Ausgang einer Reise sind. Was sie wirklich sind, liegt doch immer im Auge des Betrachters«, murmelte sie, als würde sie zu sich selbst sprechen.

Christian wollte schon weiterlaufen, als einer der Vögel zu ihm herüber hüpfte und ihn aus seinen schwarzen Kulleraugen ansah. Es war ein Blick, der bis in die Tiefen seiner Seele drang. Ein Blick, durch den er sich erkannt fühlte. Es war, als wüsste dieser grau-schwarze Vogel etwas von ihm, das ihm selbst verborgen war. Dem Architekten wurde unheimlich zumute, als er die Frau sagen hörte: »Auch Sie sollten genau hinhören, was Ihnen dieser Bote sagen möchte. Wohin soll wohl Ihre Reise gehen?«

Christian war irritiert. Wie konnte diese Frau ihm so etwas sagen! Sie kannte ihn doch überhaupt nicht! Kopfschüttelnd setzte er seinen Lauf schließlich fort.

Die ältere Frau blickte ihm wissend hinterher. *So sind die meisten Menschen,* dachte sie. *Sie laufen und laufen – und laufen doch nur vor sich selbst davon. Kein Wunder, dass sie unglücklich sind.*

Die Botschaft der alten Dame ließ Christian unterdessen nicht los. In seinen Gedanken war er bei seiner Familie. Wie viele Jahre schon lebte er nun neben seiner Frau her? Wie oft hatte sie ihn in diesen zwanzig Jahren bereits betrogen – und wie oft hatte er ihr vergeben? Und wann hatten sie eigentlich das letzte Mal miteinander geschlafen? Hatten sie sich je wirklich begehrt, sich leidenschaftlich geliebt, und waren ihre Körper und ihre Seelen je miteinander verschmolzen? Wie viele Jahre hatte er auf Zärtlichkeit verzichtet, weil seine Frau es nicht mochte, wenn er sie berührte? Irgendwie hatte er sich damit arrangiert, hatte es geschafft, diesen Teil auszublenden, sein Verlangen zu unterdrücken und es abzuspalten. Wie lange schon war er nur noch im Dienste seiner Familie unterwegs? Wie oft hatte er seine eigenen Bedürfnisse hintangestellt, damit es seiner Familie gut ging und die Kinder versorgt waren? Und wie oft hatte er dann die Nächte durchgearbeitet, um auch seine Kunden zufriedenzustellen? Doch wo waren seine Sehnsüchte, seine Bedürfnisse, seine Wünsche und Träume geblieben? Er hatte sie geopfert für eine Ehe, die diese Bezeichnung nicht verdiente. Die Erkenntnis tat weh, aber er wusste, dass es so war. Doch was wäre, wenn er seine Frau verlassen und ein neues Leben beginnen würde? Würden sich seine Wünsche und Träume erfüllen? Was war es, das ihn davon abhielt, diesen letzten Schritt zu gehen? War es sein Bedürfnis, unbedingt die Harmonie und die Idylle seiner kleinen Familie zu erhalten? Und war es nicht so, dass es überhaupt keinen Raum für Auseinandersetzungen gab? Alles wurde negiert, verdrängt und weggelacht. Humor als Allheilmittel gegen Probleme jeder Art. Vielleicht hatte er auch einfach nur Angst davor, was seine Frau sagen würde. Und wie sollte er dieses Gespräch überhaupt beginnen?

Sie hatten doch schon viele Jahre lang nie mehr wirklich miteinander kommuniziert. Fürchtete er sich davor, den Kontakt zu seinen Kindern zu verlieren und von ihnen nicht mehr geliebt zu werden? Oder hatte er einfach nur Angst vor seiner eigenen Courage? Angst vor dem Leben, vor dem Unbekannten, das da auf ihn zukommen würde? Und was, wenn er diesen Schritt wagte und dieser sich als Fehler erwies?

Diese Fragen gingen ihm durch den Kopf und ließen ihn auf der gesamten Strecke nicht los. Er wunderte sich, wie lange er bereits gelaufen sein mochte, als er plötzlich vor dem Seehaus stand. Und wie war er eigentlich hierhergekommen? Er hatte es nicht bemerkt. Sein Körper hatte automatisch funktioniert, wie jeden Morgen.

Eigentlich war so früh nie jemand dort, doch heute schien es anders zu sein. Christian sah Licht im Gebäude und ging hinein, um zu schauen, ob er einen Kaffee bekommen könnte. Und tatsächlich. Eine junge Frau war bereits hinter dem Tresen und klapperte geschäftig mit Geschirr und Gläsern. Sie bemerkte ihn und fragte: »Wollen Sie einen Espresso?«

»Woher wissen Sie das?«, entgegnete er verwundert. »Nennen Sie es weibliche Intuition«, antwortete sie und lachte.

Während die Espressomaschine surrte, warf sie ihm über die Schulter einen Blick zu.

»Sie sehen müde aus«, sagte sie. »Wie jemand, der einen sehr weiten Weg hinter sich hat und doch nie angekommen ist.«

Christian schaute sie verdutzt an. Er fragte sich, warum heute alle Leute in Rätseln zu ihm sprachen. Er trank die kleine Tasse in einem Zug aus, zahlte und verabschiedete sich eilig. Er wollte nur weg von hier, von diesem Ort, an dem ihm heute irgendwie jeder in die Seele zu blicken schien.

Als Christian zurücklief, kam er wieder an der Stelle vorbei, an der er die Frau mit den Krähen getroffen hatte. Wie beim ersten Mal blieb er bei ihr stehen. Sie hob den Blick, sah ihn an und sagte ruhig: »Du kannst vor deinem Leben nicht davon laufen. Es ist genauso mühselig und sinnlos, wie in einem Boot zu sitzen und immer gegen den Strom zu rudern. Du wirst nie dort ankommen, wo du hin willst.« Wieder hüpfte einer der grauen-schwarzen Vögel direkt vor seine Füße, und wieder schaute er in diese Augen, die eine Tiefe hatten, die er nie zuvor bei einem anderen Lebewesen wahrgenommen hatte.

Etwas ratlos fragte er die Frau: »Was soll ich machen?«

Sie klatschte in die Hände. Die Vögel stoben krächzend auseinander. Nur die Krähe vor ihm blieb unbeeindruckt. Mit einem Lächeln auf den Lippen sagte die ältere Dame zu ihm: »Hör auf, nur die Reste zu picken wie meine Vögel. Nimm dir den ganzen Kuchen! Gib dich nicht mit Krümeln zufrieden. Finde heraus, was deine Seele fliegen lässt.

Christian bedankte sich bei der weisen Frau und lief nach Hause. Noch immer war alles still in der Wohnung. Alle schliefen. Leise ging er in die Küche, schaltete den Ofen an, legte frische Croissants zum Aufbacken hinein, bereitete ein Früchtemüsli für seine jüngste Tochter vor und presste frischen Orangensaft. Wehmütig glitt sein Blick aus dem Fenster in den klaren blauen Himmel. Er sah die weißen Schönwetterwölkchen und dachte daran, wie schön es wäre, einfach abzuheben, frei zu sein, zu fliegen. Er dachte an die herrliche Zeit in New York. Wie sehr er diese Stadt und das quirlige Leben dort vermisste. *Was,* dachte er, *wenn die alte Frau recht hatte?* Eine halbe Stunde später kam Leben in die schicke Altbauwohnung. Seine Tochter war aufgestanden und plapperte fröhlich auf ihn ein, während seine Frau gerade aus dem Bad kam. Auf dem Tisch im Wohnzimmer stand ein liebevoll arrangiertes, köstliches Frühstück. Alle setzten sich, nur Christian zögerte. Er dachte darüber nach, was geschehen würde, wenn er *jetzt* mutig war ...

Das Krokodil, das sich versteckte, © Katja

Das Krokodil, das sich versteckte

Katharina war eher unauffällig. Zarte Figur, weiche Gesichtszüge, kurze braune Haare, dunkelblaue Augen. Sie war nicht der Typ, der um jeden Preis auffallen wollte. Den ganzen Tag hatte sie draußen mit ihrem Hund, dem Boxer-Mix Charly, verbracht und das schöne Frühlingswetter genossen. Jetzt, da sie wieder in ihrer kleinen Erdgeschosswohnung angekommen war, überkam sie plötzlich eine Traurigkeit, wie sie sie schon lange nicht mehr verspürt hatte. Zwei Jahre war es nun her, dass ihre Mutter verstorben war.

Sie setzte sich an ihren Schreibtisch. Widerwillig sah sie die Rechnungen durch, die sich mittlerweile gestapelt hatten. Und dann war da auch noch die Semesterarbeit, die sie fertigstellen musste. Allzu große Lust hatte sie dazu nicht. Noch immer war sie sich nicht sicher, ob sie dieses Studium überhaupt weiterverfolgen sollte. Eigentlich wusste sie schon seit geraumer Zeit, dass das nichts für sie war. Aber was war das Richtige? Auf der Suche nach einem Brieföffner schaute sie in die Schublade ihres Schreibtischs. Sie holte den Öffner heraus, aber sie fand darunter noch etwas anderes: eine kleine Streichholzschachtel. *Komisch,* dachte Katharina, *wie kommt die bloß in meinen Schreibtisch?* Sie öffnete die Schachtel, um zu sehen, ob sie noch Streichhölzer enthielt. Doch was war das? Sie strahlte: Ein winziges grünes Krokodil aus Glas lag darin. Ihre Mutter hatte es ihr einst geschenkt. Viele Jahre war es verschollen. *Wie kommt es bloß hierher?,* grübelte Katharina und betrachtete liebevoll den kleinen grünen Kerl, der ihr stumm entgegenblickte.

Seltsam, dass ich ihn gerade heute wiederfinde. Wieder dachte sie an ihre Mutter, während ihr Blick ihren Geigenkoffer streifte. Ein Aufkleber, der besagte »Eine falsche Note ist egal. Ohne Leidenschaft zu spielen, ist unentschuldbar«, prangte darauf. Seit dem Tod ihrer Mutter hatte sie nicht mehr gespielt. Sie dachte an die vielen Jahre, die sie mit ihrer Geige verbrachte hatte. Als wäre es gestern gewesen, sah sie sich noch auf dem zugigen Bahnhof in Frankfurt stehen. Den Geigenkoffer hatte sie damals voller Hoffnung auf dem Rücken getragen, und in wenigen Stunden sollte sie ihren ersten Auftritt haben. Doch dann war alles anders gekommen.

Plötzlich verspürte Katharina ein unbändiges Verlangen, den Koffer zu öffnen. Sie klappte ihn auf und betrachtete die vielen Fotos und Erinnerungen, die auf dem roten Innenfutter klebten. Dann nahm sie das Instrument in die Hand. Zärtlich strich sie über die Saiten und das Holz, das über die Jahre dunkler geworden war. Ob die Geige wohl noch genauso klang wie damals? Wehmütig zog sie den Bogen über die Saiten. Ein bauchiger Klang ertönte. Als wäre es gestern gewesen, sah sie sich auf dem Sterbebett ihrer Mutter sitzen. »Halleluja« hatte sie für sie gespielt, weil sie es so sehr gemocht hatte.

Tränen kullerten über ihre Wangen. »Verdammt, Mama, warum hast du mich so früh verlassen?« Wieder betrachtete sie das grüne Krokodil, das ihre Mutter ihr damals als Glücksbringer geschenkt hatte. Sie hatte unbedingt gewollt, dass sie bei diesem Talentwettbewerb teilnahm. Aber Katharina hatte sich das nie zugetraut. »Ich bin nicht gut genug«, hatte sie ihrer Mutter immer wieder entgegengehalten. »Es gibt bessere Violinistinnen als mich! Die Welt wartet nicht auf mich!« »Du wirst schon sehen«, hatte ihre Mutter entgegnet, »alles kommt zur rechten Zeit. Und mit diesem kleinen grünen Kerl wirst du unschlagbar sein.«

Katharina lächelte. Dann begann sie zu spielen. Ein Stück, das sie nicht kannte – ohne Noten, ohne Übung, ohne Plan. Sie spielte einfach los, spielte, was ihr in den Sinn kam.

Das Fenster ihrer Altbauwohnung im Erdgeschoss stand offen und ein älterer Mann ging gerade vorbei. Er blieb stehen und lauschte den Klängen ihrer Geige. *Was für ein wunderschönes Spiel,* dachte er. Katharina war so versunken in ihre Musik, dass sie ihn gar nicht bemerkte. Dann, als der letzte Ton verklungen war, hörte sie Applaus. Jemand rief »Zugabe!«. Erst jetzt sah Katharina ihren Zuhörer. »Danke!«, antwortete sie ihm und freute sich. »Gerne«, sagte der fremde Mann. »Und ganz egal, was immer Sie tun: Sie müssen mir versprechen, weiterzuspielen und nie aufzuhören! Sie haben Talent. Noch etwas Feinschliff vielleicht. Aber ich glaube, Sie könnten eine große Zukunft vor sich haben.« »Ich glaube, dafür bin ich schon zu alt«, entgegnete die Neunzehnjährige. Der Mann lächelte. »Es gibt da einen Nachwuchswettbewerb, bei dem sich Musiker bis zum Alter von zwanzig Jahren bewerben können. Schauen Sie mal in die Zeitung. Es ist heute eine Anzeige drin. Ich wünsche Ihnen viel Glück!« Noch bevor Katharina etwas entgegnen konnte, war er verschwunden.

Merkwürdig, dachte sie. *Woher war er so plötzlich gekommen? Und was war das für ein Wettbewerb? In der Zeitung? Aber ich lese doch gar keine Tageszeitung.* Plötzlich fiel ihr ein, dass ausgerechnet heute eine kostenlose Ausgabe in ihrem Briefkasten gesteckt hatte. Wie immer hatte sie diese stante pede in der Papiertonne entsorgt. Katharina ging hinaus in den Hof, wo die Tonnen standen. Na also, da war doch die Zeitung! Schnell fischte sie sie aus der blauen Tonne, setzte sich wieder an ihren Schreibtisch und blätterte die Seiten durch. Prompt hatte sie die Anzeige entdeckt: »Nachwuchstalente gesucht!« Doch der Wettbewerb sollte schon übermorgen stattfinden und sie wusste nicht, ob sie sich so kurzfristig noch anmelden konnte. Dennoch wollte sie es versuchen.

Wieder fiel ihr Blick auf das kleine Krokodil. »Was meinst du?«, fragte sie. »Sollen wir es probieren?« Katharina erinnerte sich an einen Urlaub in Ägypten. Dort hatte sie mit ihrer Mutter einen Tempel besucht, der dem Krokodilgott Sobek geweiht war. Die Novizen dort sollten lernen, ihre Ängste zu überwinden, die Vergangenheit zu bewältigen; sie sollten sich ihrer Kraft bewusst werden und Heilung zulassen, auch wenn dies manchmal schmerzhaft sein konnte. *Wie wahr,* dachte Katharina und seufzte.

Vielleicht hatte sie das Krokodil ja wiedergefunden, weil ihre Mutter ihr eine Botschaft senden wollte. Und vielleicht war dieser alte Mann nicht zufällig vor ihrem Fenster aufgetaucht. Katharina wollte es herausfinden. Gleich morgen würde sie zur Musikhochschule fahren und sich für den Wettbewerb anmelden.

Und dort stand sie nun – im Gang vor der riesigen Halle der Musikhochschule. Ein Klangwirrwarr aus hektischem Geplapper, Gefiedel, Seufzen und einigen schrägen Lauten drang an ihre Ohren. Es dauerte eine Weile, bis ihr Gehirn in der Lage war, die Geräusche zu filtern. Wie viele junge Leute hatten sich heute hier eingefunden? Katharina wusste es nicht. Etwa achtzig waren es, schätzte sie. Wie viele von ihnen träumten wohl den gleichen Traum wie sie? Und wie viele von ihnen würden es wirklich schaffen?

Gleich würde man sie aufrufen. Ihre Finger waren kalt vor Aufregung. Ihre Haltung stimmte noch nicht ganz und auch der Ton ließ noch zu wünschen übrig. Selbst mit dem besten Instrument klang das Einspielen eben nach Geschrubbe. Katharina spannte die Augenbrauen an. Einige Fältchen der Anstrengung zeichneten sich auf ihrer sonst so glatten Stirn ab. Niemand sollte eigentlich ihr Einspielen hören. Dann öffnete sich die Tür. Ein junger Mann trat heraus und fragte: »Sind Sie Katharina?« Sie nickte. »Ja.« »Dann sind Sie die Nächste! Kommen Sie!« Katharina atmete tief durch. Gleich würde es losgehen. Ihr Herz klopfte bis zum Hals. Es kam ihr lauter vor als ihre Geige beim Einspielen. Und wo war ihr Krokodil? Schnell glitten ihre Finger in ihre Hosentasche. Erleichtert fühlte sie die weiche Oberfläche des Tieres. Die Tür schloss sich hinter ihr. Sie stand allein vor dem Auswahlgremium, das aus fünf renommierten Musikexperten bestand. Sie schritt über die Bühne, bis sie vorn am Bühnenrand stand, und begrüßte das Gremium. Ihre Stimme zitterte. Hoffentlich würde es klappen! Für heute konnte sie sich ein Stück selbst aussuchen, anschließend sollte sie Melodien von Vivaldi und Chopin spielen und diese selbst interpretieren. Das war schwieriger. Ein älterer Herr kam zu ihr herüber. Das Scheinwerferlicht blendete so, dass sie sein Gesicht zunächst nicht erkennen konnte. *Mein Gott,* dachte sie dann, *das ist doch ... genau ... der Mann, der vor meinem Fenster stand!* Ihr Herz rutschte ein Stockwerk tiefer. Der Herr lächelte und gab ihr ein Blatt, auf dem die Noten standen, die sie spielen sollte. Wortlos ging er zurück zu seinem Platz. Katharina versuchte sich zu sammeln. Ein kurzer Blick, der in die Weite schweifte, dann ging es los. Sie nahm die Geige auf die Schulter, sog vor dem ersten Ton noch einmal Luft ein, als wollte sie die Melodie selbst singen, und plötzlich schien alles ganz leicht zu sein. Es war, als hätte sie nie etwas anderes getan. Sie ließ sich regelrecht in die Geige sinken. Ganz und gar verschmolz sie mit ihrem geliebten Instrument und der Musik. Sie waren eins.

Die Angst vorm Fliegen, © Katja

Die Angst vorm Fliegen

Schon seit geraumer Zeit war der vierundzwanzigjährige Medizinstudent Samu unsterblich in Sarah verliebt – eine schöne junge Frau, die viele Männer in seinem Semester anhimmelten. Doch irgendwie traute er sich nicht, sie anzusprechen und ihr zu offenbaren, was er für sie empfand. Und so ging Sarah mit Kommilitonen aus, während Samu von Tag zu Tag trauriger wurde.

Eines Tages nahm ihn sein Pathologie-Professor Mayer beiseite und sagte: »Ich sehe doch, dass du in dieses junge Mädchen verliebt bist. Jeder hier sieht das.«

Samu bekam einen roten Kopf, denn natürlich hatte der Professor recht.

»Komm mal mit«, bat ihn der Professor schließlich. »Ich will dir etwas zeigen.«

Sie gingen zum Parkplatz und fuhren mit dem alten VW-Käfer-Cabrio des Professors los. Eine ganze Weile waren sie auf einer Landstraße unterwegs, die schließlich in eine Serpentine mündete. Als sie nach einer halben Stunde oben auf dem Berg angelangt waren, parkte der Professor den Wagen und stieg aus.

Samu zögerte.

»Komm«, ermutigte der Professor seinen schüchternen Studenten, der schließlich ebenfalls aus dem Auto ausstieg.

Sie gingen einige Schritte und erreichten die Paragliding-Schule. Verzückt blickte Samu den Paraglidern hinterher, die langsam mit ihren bunten Schirmen gen Himmel schwebten.

»Hör mal, Samu«, sagte der Professor. »Natürlich kann dich niemand dazu zwingen, fliegen zu lernen, aber es wäre doch jammerschade, wenn du es nie versuchen würdest«

Samu blickte den Professor verdutzt an. Was meinte er damit? Warum sollte er fliegen lernen?

Der Professor spürte sein Zögern. »Komm«, sagte er. Gemeinsam gingen sie ein Stück weiter nach vorn, sodass sie von der Bergspitze ins Tal hinunter zum Tegernsee schauen konnten.

»Siehst du, Samu«, erklärte er, »wenn du fliegen willst, kommst du hierher, nimmst dir einen Fluglehrer und irgendwann wirst du fliegen.«

Samu zweifelte. Würde er den Mut dazu haben?

»Und wenn ich abstürze?«, fragte er.

»Das wird nicht passieren! Vermutlich wirst du im Training ein paar Schrammen abbekommen und für den nächsten Versuch gestärkt sein.«

Wenig später verließen sie den Berg und fuhren zurück zur Uni nach München.

Als Samu sich am Abend mit seinen Freunden traf, erzählte er ihnen von seiner Begegnung mit dem Professor. Beide blickten ihn entsetzt an und sagten: »Bist du verrückt? Warum willst du paragliden lernen? Lass den Blödsinn, du wirst abstürzen und sterben!«

Doch Samu hatte das Fieber gepackt. Er fuhr am nächsten Tag wieder zum Tegernsee, hinauf auf den Berg und war motiviert, seine ersten Flugstunden zu nehmen. Ein wenig ernüchtert stellte er fest: Einfach den Schirm anlegen und abheben, war nicht drin. Fliegen lernen war harte Arbeit. Er musste einen Kurs belegen. Samu seufzte. Wieder eine Menge Theorie, die er im Studium schon so sehr hasste. Wie erwartet begann der Kurs mit vielen theoretischen Facts zum Aufbau seines Schirms, zum Gurtzeug, zu den Flugtechniken, den Kommandos und einigen Erklärungen zum Start und zur Landung. Als die Flugschüler dann zum ersten Mal hinaus auf den Berg gingen, konnte Samu es kaum erwarten. Jeder bekam einen Schirm, der mit verschiedenen Leinen und Gurten verbunden war, die sich die Piloten umschnallten. »Der Start besteht aus Aufziehen, Kontrolle, Beschleunigung und Abheben«, erklärte ihr Fluglehrer. »Wenn ihr das Gurtzeug angelegt und den Schirm angespannt habt, könnt ihr loslaufen, bis der Schirm über euch steht. Dann den Gurt loslassen und den Schirm mit den Bremsleinen stabilisieren und beschleunigen.« Samu tat, wie ihm geheißen. Doch beim Start verhedderten sich seine Leinen. Er stürzte und erschien tags darauf mit einer riesigen Beule am Kopf und einigen blauen Flecken am Körper in der Vorlesung von Professor Mayer.

Als der ihn sah, fragte er: »Was ist mit dir geschehen, Samu?«

»Ich habe es probiert,« erzählte der, »aber ich habe es nicht geschafft! Ich bin nicht so mutig und talentiert wie die anderen Paraglider auf dem Berg.«

»Hör mir gut zu, Samu«, sagte der Professor eindringlich. »Um fliegen zu können, musst du üben, üben und nochmals üben. Und natürlich musst du auch bereit sein, ein paar Risiken auf dich zu nehmen. Fliegen ist ein Abenteuer. Aber ich verspreche dir, es lohnt sich!«

Zwei Tage später fasste sich Samu erneut ein Herz und fuhr wieder auf den Berg. Diesmal schien alles irgendwie leicht zu sein. Er lief, hob die ersten Meter ab und landete, indem er beide Bremsleinen Richtung Boden durchzog, ohne dass sich etwas verhedderte. Samu war erleichtert. Schließlich war es so weit: Sein Fluglehrer gab den ersten Flug frei. Aufgeregt klopfte Samus Herz. Er spürte, wie die Angst ihm die Kehle abschnürte. Er befürchtete, dass er es nicht schaffen würde. Was, wenn er wieder stürzte? Doch dann dachte er an Sarah und ein Lächeln zeichnete sich auf seinem Gesicht ab. Wie würde sie es wohl finden, ihn hier so zu sehen? Seine Angst war verflogen. Er wusste, sie würde stolz auf ihn sein. Sorgfältig ging er alles durch, was er gelernt hatte, dann hob er die Daumen, um zu signalisieren, dass er bereit war. Gleich darauf hörte er die Worte des Fluglehrers: »Start frei! Laufen, beschleunigen, führen, Gurt loslassen! Dann kontrollieren, steuern, bremsen und landen!" Samu hob ab, flog über das Tal und den See hinaus und erlebte ein schier unglaubliches Gefühl von Glückseligkeit. Es war überwältigend. Nie zuvor in seinem Leben hatte er sich so endlos frei gefühlt. Alles schien möglich!

Als Samu am nächsten Tag wieder den Vorlesungssaal betrat, sah der Professor ein Strahlen auf seinem Gesicht. Er lächelte, denn er wusste, was das bedeutete, und er beobachtete, wie Samus Blicke durch den Saal wanderten, bis er Sarah entdeckte. Wie immer sah sie einfach umwerfend aus. Ihre langen blonden Haare hatte sie heute zu einem Pferdeschwanz gebunden. Samu konnte seinen Blick nicht von ihr abwenden. Schließlich strahlte Sarah ihn an und er lächelte zurück.

In diesem Moment verstand er, was der Professor ihm mit seiner Begeisterung für das Fliegen hatte sagen wollen. Natürlich! Wenn er wollte, dass dieses Mädchen sich in ihn verliebte, musste er mutig sein und sie ansprechen. Er musste riskieren, zu scheitern und abgewiesen zu werden. Denn wenn er es nie versuchte und sie weiterhin nur anhimmelte, würde er nie wissen, wie es sein würde, zu lieben und mit ihr hinaufzugleiten in unbekannte Höhen.

Roland Kaiser, © Der Dehmel, Studio Urbschat

Teil 2

»Es gibt keine Zufälle im Leben.«

Ein Gespräch mit Roland Kaiser über Schicksal, die Liebe und das flüchtige Glück

Wie oft haben Sie sich in Ihrem Leben bereits gefragt, ob das, was Sie gerade erlebt oder erfahren haben, Zufall oder Schicksal war? Gerade dann, wenn Unvorhergesehenes geschieht und wenn unser weiteres Leben durch Ereignisse oder Menschen nachhaltig geprägt wird, geraten wir ins Grübeln und fragen uns, ob wohl eine höhere Macht im Spiel ist.

Dabei ist die Suche nach dem »geheimen Plan«, der hinter dem Zufall steckt, nicht neu. Bereits lange vor den heutigen wissenschaftlichen Bestrebungen haben Menschen versucht, scheinbar zufällige Begebenheiten zu deuten. Trotz aller Forschungen erfahren wir wohl nie, ob unser Schicksal vorherbestimmt ist, ob unser Leben gelenkt wird, ob alles nur purer Zufall oder vielleicht sogar eine Mischung aus allen drei Faktoren ist.

Das Christentum geht davon aus, dass Gott die Macht hat, alles zu lenken, wir aber trotzdem über einen freien Willen verfügen und damit Verantwortung tragen. Im Buddhismus sind Glück oder Unglück die Folgen früherer Taten und werden als »Karma« bezeichnet. In der Psychologie sieht man in Schicksalsschlägen eher Lernprozesse, die uns in unserer persönlichen Entwicklung unterstützen und reifen lassen können. Was auch immer der Grund sein mag, warum uns diese oder jene Dinge im Leben zustoßen, und ob wir an Zufälle glauben oder nicht: In der Konsequenz können Zufälle uns dabei helfen, unserem Leben eine neue Wendung zu geben und uns weiterzuentwickeln. Wichtiger als die Beantwortung der Frage, ob etwas Zufall oder Schicksal ist, ist es also, achtsam durchs Leben zu gehen, im Hier und Jetzt zu leben und zu versuchen, das Beste aus dem zu machen, was das Leben für uns bereithält.

Selbst wenn wir an eine Vorherbestimmung unseres Schicksals durch Karma glauben, ist doch nichts für immer unabänderlich festgelegt. Denn es gibt etwas, wodurch auch schlechtes Karma aufgelöst werden kann: Liebe. Die buddhistische Nonne Ani Choying erklärt es mit der Symbolik eines Billardspiels: »Wenn wir die Kugel der Liebe anstoßen, bekommt das Leben eine andere Richtung. Dann können wir schlechtes Karma tilgen, bevor es in unser Leben tritt.«

Als ich an diesem Freitagnachmittag mit Roland Kaiser spreche, muss ich unvermittelt an seinen Song »Liebe kann uns retten« denken. Wie viel Wahrheit und Weisheit doch in dieser simplen Botschaft steckt! Für Roland Kaiser jedenfalls ist klar, dass nichts in unserem Leben Zufall ist – so auch nicht der große Erfolg, den er demütig und dankbar genießt. Vielleicht ist ein Erfolg wie dieser auch ein Stück weit das Ergebnis der Sehnsucht von Menschen, die in einer Kultur des Vorläufigen und einer Zeit des Beliebigen leben, nach Beständigkeit und Verlässlichkeit. Vielleicht ist auch die Sehnsucht, Teil eines Ganzen zu sein, eine der Triebfedern dieses Erfolges. Gerade weil unsere Zeit vollgestopft zu sein scheint mit schier unendlichen Möglichkeiten für unsere Selbstverwirklichung. Jeder, der schon einmal ein Roland-Kaiser-Konzert besucht hat, kennt dieses wunderbare Gefühl, Teil eines großen Ganzen zu sein. Es sind Roland Kaiser und seine Musik, die diese Beständigkeit liefern und die viele seiner Fans schon ein Leben lang begleiten – ein Phänomen, das sich auch in den jüngeren Generationen fortzusetzen scheint.

Zudem steht Roland Kaiser mit seinem großen sozialen Engagement für Werte wie Mitmenschlichkeit und Nächstenliebe, die gerade in der heutigen Zeit zunehmend wichtiger werden. Apple-Gründer Steve Jobs soll auf seinem Sterbebett gesagt haben: »Jetzt weiß ich, dass wir uns im Leben komplett andere Fragen stellen müssen, die mit Reichtum nichts gemeinsam haben ... Dein Reichtum – das ist die Liebe zu deiner Familie, das ist die Liebe zu deiner Frau und deinem Mann, das ist die Liebe zu deinen Nächsten. Passt auf euch auf und sorgt euch um die anderen.«

Herr Kaiser, seit unserem ersten Gespräch sind knapp vier Jahre vergangen. Wenn Sie zurückblicken auf diese Zeitspanne, was ist Ihnen dabei besonders positiv in Erinnerung geblieben?

Viele Dinge, privat wie beruflich. Meine Kinder sind größer und erwachsen geworden, meine berufliche Aktivität hat sich verstärkt und unsere Welt ist ein wenig ins Wanken geraten – sowohl unsere politische hier in Deutschland, als auch weltweit. Und ich denke auch an den Klimawandel, der zwar bemerkt, aber meiner Meinung nach nicht ernst genug genommen wird.

In unseren Gesprächen haben wir uns schon oft über die Höhen und Tiefen des Lebens ausgetauscht. In dem Buch »Das gute Glück« der Motivationsforscherin Michaela Brohm-Badry, das ich kürzlich gelesen habe, geht es darum, wie es uns gelingen kann, ein zufriedenes Leben zu führen, auch und gerade dann, wenn wir traumatische Erfahrungen machen mussten. Die Wissenschaftlerin betont, dass man an Schicksalsschlägen wachsen könne. Wenn man ihre persönliche Geschichte liest und weiß, dass sie an einem Aneurysma erkrankte und nur knapp dem Tod entronnen ist, kann man den Eindruck gewinnen, dass ein traumatisches Erlebnis praktisch Voraussetzung dafür ist, den Weg zum eigenen Glück zu finden. Wie sehen Sie das?

Es wäre fatal, wenn das so wäre. Ich glaube, ein Schicksalsschlag ist eine Prüfung für einen Menschen. Entweder er zerbricht daran oder er wird dadurch stärker. Aber es wäre sehr traurig, wenn man erst etwas sehr Schlimmes erleben müsste, um zum eigenen Glück zu finden.

Vielleicht ist es so, dass man nach einem Schicksalsschlag Glück eher begreifen und genießen kann, weil man vorher Unglück erlebt hat. Man sieht die Dinge differenzierter und entwickelt eine größere Gelassenheit. So ist es mir nach meiner Transplantation ergangen. Ich bin heute gelassener und bescheidener denn je.

Weil man weiß, wie vergänglich unser Leben und die glücklichen Momente sind?

Ja, genau. Man setzt andere Prioritäten und hat nicht ständig Sorge, dass etwas schiefgehen könnte. Man hat etwas so Einschneidendes erlebt und erfahren, dass alles andere, was danach kommt, nicht mehr so schlimm sein kann. Man relativiert.

Perikles, einer der führenden Staatsmänner des antiken Athen, sagte einmal: »Das Geheimnis des Glücks ist die Freiheit, das Geheimnis der Freiheit ist der Mut.« Wie oft waren Sie ganz besonders mutig in Ihrem Leben?

Was ich jetzt als Mut empfinde, betrachte oder benennen kann, würden andere vielleicht ganz anders sehen. Ich bin jedenfalls mutig genug, anderen Menschen meine Meinung zu sagen, ohne sie zu beleidigen. Ich finde es sehr wichtig, dass man, ohne zu viel Wind zu machen, in der Lage ist, seine Meinung zu sagen. Das gilt auch für die Öffentlichkeit. Ich sage meine Meinung – ohne Rücksicht darauf, ob mir das schadet oder nicht. Ob das schon Mut ist, weiß ich nicht.

»Ein Risiko einzugehen und Fehler zu machen«, schreibt die Psychologieprofessorin Brohm-Badry in ihrem Buch, »erhöht die Wahrscheinlichkeit auf Chancenwahrnehmung und persönliches Wachstum.« Was war rückblickend das größte Risiko, das Sie in Ihrem Leben eingegangen sind, und hat es Ihnen tatsächlich persönliches Wachstum gebracht?

Das ist schwer zu sagen. Manche würden behaupten, dass es riskant sei, in ein Flugzeug zu steigen und zu fliegen. Andere sagen, dass es das sicherste Verkehrsmittel der Welt ist. Es ist auf jeden Fall risikoreich, Unternehmen zu gründen, denn Sie können scheitern. Auch eine Ehe einzugehen, ist ein Risiko, denn sie könnte zerbrechen. Aber das alles ist für mich noch kein Risiko.

Insofern können Sie gar nicht sagen, was das größte Risiko war?

Ich habe mal mit jemandem einen Tandem-Paragliding-Flug gemacht. Aber ob das ein Risiko ist? Denn der, der mit mir geflogen ist, war ja ein erfahrener Paraglider.

War das eine tolle Erfahrung?

Es war eine sehr ungewöhnliche Erfahrung. Sie entstand aus einem Gespräch am Abend, und am nächsten Morgen waren wir verabredet. Wir sind dann auf einen Berg gefahren, mit dem Schirm auf eine Wiese gegangen und am Ende dieser Wiese war ein Abhang. Der Paraglider sagte dann zu mir: »Wir laufen jetzt los und springen dann in den Abgrund.« Ich habe ihn ungläubig angeschaut und entgegnet: »Das ist jetzt nicht dein Ernst!« »Doch«, sagte er, »das machen wir jetzt.« Beim Tandemsprung hängt man ja vorne am Partner dran. Und ich dachte einen Moment lang: »Muss ich das jetzt wirklich machen? Habe ich das verdient?« Und da man vor den umherstehenden Menschen nicht aussehen möchte, als würde man kneifen, bin ich dann mit ihm gesprungen. Man hofft in dem Moment natürlich, dass der Schirm sich öffnet. Abgesehen davon war das Erlebnis wirklich schön. Da ich ja jemand bin, der eine hohe Affinität zum Fliegen hat, war es eine schöne Erfahrung, als ich gemerkt habe, dass der Schirm aufgegangen war. Nur als wir unten gelandet sind, hatte ich die Instruktion meines Partners vergessen, nach der ich mitlaufen sollte, und so sind wir beide etwas unsanft auf der Wiese aufgeschlagen.

Manchmal, wenn wir an einem Tiefpunkt in unserem Leben angelangt sind, wünschen wir uns, noch einmal vor der Entscheidung zu stehen, die wir einst getroffen haben, und einen anderen Weg gehen zu können. Gab es diese Punkte auch in Ihrem Leben?

Nein. Wenn Sie sich heute selbst betrachten, können Sie nicht einzelne Entscheidungen herausnehmen. Dann wären Sie nicht mehr die Sandra Maxeiner, die Sie sind. Dann würden Sie anders aussehen. Wir sind Gesamtkunstwerke, und ich glaube nicht, dass wir das verändern können. Denn es könnte ja sein, dass, wenn wir diese eine Entscheidung anders getroffen hätten, durch sie völlig neue Komponenten hinzukämen, die uns in ein viel größeres Unglück stürzen würden. Das wissen wir ja nicht. Ich bin der Meinung, dass es keinen Zufall gibt.

Aber was ist es dann?

Fügung, Schicksal. Wenn Menschen manchmal mit mir reden und klagen: »Wie konnte Gott mir das antun?«, sage ich beispielsweise: »Du bist jetzt vierundfünfzig Jahre alt, hast du jemals vorher gefragt: *Wie konnte er mir so viel Glück schenken?* Vierundfünfzig Jahre lang hat es gut funktioniert, aber wenn es einmal anders ist und in deinen Augen nicht gut läuft, klagst du gleich: *Wie konnte er mir das antun?*« Wir Menschen sind in dieser Hinsicht schon recht komisch. Wir nörgeln lieber als dass wir loben. Das ist ja auch im täglichen Leben so. Die modernen Medien transportieren heutzutage das Genörgel der Menschen schneller als früher der Kummerkasten. Einen »Lobeskasten« gab es nie. Nur den Kasten, wo sich Menschen beschweren können. Leserbriefe sind heute zu neunzig Prozent Beschwerden, nur zehn Prozent sind Lob. Wir loben generell zu selten.

Wie häufig bekommen Sie Kummerpost?

Mich schreiben viele Menschen an, weil sie Sorgen und Probleme haben, und sie bitten mich um Hilfe. Ich helfe, soweit ich kann und wo es geht. Ich bin aber durch meine mannigfaltigen Engagements bei sozialen Projekten, Vereinen und Stiftungen schon einige Tage pro Woche beschäftigt.

Sie sind ein sehr positiver Mensch. Sie blicken nach vorn, packen Dinge an und scheuen sich nicht – was wir gerade besprochen haben –, auch mal unbequeme Wahrheiten auszusprechen. Woraus schöpfen Sie Ihren unerschütterlichen Optimismus?

Der ist mir angeboren. Mein Glas ist stets halbvoll, nie halbleer. Ich bin ein Mensch, der im Hier und Jetzt lebt. Kennen Sie das Buch »Sorge dich nicht, lebe« von Dale Carnegie?

Ja.

Dann wissen Sie Bescheid. Ich lebe im Jetzt. Mit der Angst vor dem Morgen und der Wut über das Gestern kommt man nicht mehr zum Leben. Kinder wissen das von Natur aus. Sie verlernen es nur leider im Laufe des Lebens. Wenn sie anfangen zu reflektieren, was gestern schiefgegangen ist und was morgen vielleicht schlecht laufen könnte, dann verlieren sie den Blick für das Heute. Das ist etwas, was man sich bewahren sollte, wenn es geht. Irgendwie kann ich das. Ich lebe im Moment, und im Moment interessiert mich nichts so sehr wie das Gespräch mit Ihnen. Das gibt mir eine unglaubliche Ruhe und Kraft und dem anderen das Gefühl, dass jemand zuhört und sich für ihn interessiert. Oftmals reden die Menschen heute zu viel, weil sie während des Gesprächs zum Fenster rausschauen, auf ihr Handy blicken und nicht konzentriert genug bei ihrem Gesprächspartner sind. Es ist wichtig, das Zuhören zu lernen. Denn Kommunikation bedeutet ja nicht nur, eine WhatsApp-Nachricht zu verschicken.

Durch die Kommunikation mit WhatsApp und anderen virtuellen Kommunikationsmitteln entstehen auch viele Missverständnisse.

Natürlich.

In Ihrem neuen Song »Liebe kann uns retten« singen Sie über die Kraft der Liebe. Was ist für Sie die Essenz der Liebe?

Der Song ist so gemeint, dass wir alle Dinge positiv sehen sollen, die uns interessieren. Dass wir sorgsam mit den Ressourcen dieser Welt umgehen sollen, und dass es wichtig ist, dass Menschen aggressionsfrei miteinander umgehen. Ich habe den Eindruck, dass sie immer gewalttätiger oder gewaltbereiter werden. Wenn Probleme nicht lösbar sind oder wenn soziale Unausgewogenheiten passieren, kippt alles schnell und die Gewalt geht los. Ich versuche, mit dem Lied daran zu erinnern, dass alles, was wir brauchen, die Liebe ist – »All you need is love«, so haben die Beatles bereits die Kraft der Liebe besungen. Denn ein Mensch, der liebt und geliebt wird, ist automatisch ein ausgeglichenerer und positiverer Mensch als jemand, der sich unbeachtet und ungeliebt fühlt. Wir sollten alle unser Augenmerk auf diese Erde richten, denn sie fühlt sich ungeliebt von uns. Das ist nicht ungefährlich. Bedauerlicherweise ist die Weltpolitik flügellahm. Wenn zwei große Staaten wie China und Amerika sagen, dass sie ein Klimaabkommen nicht unterzeichnen, machen alle anderen ebenfalls nichts – nach dem Motto: »Wenn die nicht dabei sind, nutzt es ja sowieso nichts."«

Und die grauenhafte Abholzung des Regenwaldes in Brasilien ...

Trump denkt darüber nach, in Alaska ebenfalls Rodung zuzulassen.

Ja. Das ist unfassbar.

Die EU-Regierungschefs konnten sich nicht einmal darauf einigen, bis 2050 die Klimaneutralität zu erreichen. Jeden Tag leiden Menschen unter der Klimakrise. Durch diese Nichteinigung ist die Dringlichkeit ignoriert und die Zukunft aller aufs Spiel gesetzt worden.

... und dass die Zeit möglicherweise schon sehr weit fortgeschritten ist ...

Im schlimmsten Fall steigt der Meeresspiegel bis 2050 um einen halben Meter, und er könnte bis 2100 um zwei bis drei Meter ansteigen. Das bedeutet, dass über zwanzig Tage pro Jahr fünfundfünfzig Prozent der globalen Bevölkerung einer tödlichen Hitze ausgesetzt wären, die jenseits der menschlichen Überlebensfähigkeit läge. Ohne baldige Maßnahmen nähern wir uns schon Mitte des Jahrhunderts einem »Point of no Return«.

Ich komme noch einmal zurück zu »Liebe kann uns retten«. Wie kamen Sie auf diesen Song?

Peter Plate hat ihn mir angeboten und gesagt: »Ich habe da einen Song, den eigentlich nur du singen kannst, weil du ja auch erlebt hast, was es bedeutet, wenn man durch den Partner und die Familie durch persönliche Krisen – wie eine Krankheit – getragen wird.« Niemand wird alleine krank. Wenn jemand in der Familie oder in einer Beziehung krank wird, ist die gesamte Familie und der Partner betroffen. Niemand ist alleine krank. Die Menschen um ihn herum werden mit krank. Aber diese Menschen werden in der Regel nicht betreut und nicht gesehen, nicht wahrgenommen und nicht ernst genug genommen. Genau das ist ja auch der Sinn Ihrer Initiative: Diesen Menschen zu helfen, die neben dem Kranken nicht gesehen werden.

Das stimmt. Darauf komme ich gleich noch einmal zurück ...

Musikalisch haben Sie ein breites Repertoire und beziehen auch klassische Musik mit ein. Wenn Sie sich einen Duettpartner oder eine Duettpartnerin aus dem Bereich der Klassik wünschen könnten, mit wem würden Sie gern einmal zusammenarbeiten?

Ich habe letztes Jahr in Dresden den Opernball moderiert. Da ist eine georgische Sopranistin, Nino Matschaidse, aufgetreten, mit der ich gerne mal auf der Bühne stehen würde.

Jetzt komme ich zu unserem Verein: Eine Studie der Universität Witten/Herdecke hat ergeben, dass sich pflegende Angehörige hoch belastet fühlen und oft das Gefühl haben, alleine gelassen zu sein. Warum wird Ihrer Meinung nach bislang viel zu wenig für diese Menschen getan?

Weil sich unsere Gesellschaft – wenn überhaupt – um die Betroffenen kümmert und diejenigen, die pflegen, werden als Selbstverständlichkeit hingenommen. »Das macht man so, das gehört sich so, das ist anständig!« Aber jemanden in der Familie zu pflegen, kann ganze Existenzen vernichten. Ein normaler Fall wäre: Ihre Mutter erkrankt, wird bettlägerig, und weil Sie nicht das Geld haben, eine Pflegerin einzustellen oder sie in ein Pflegeheim zu geben, müssen Sie es selbst machen. Dann sagt die Gesellschaft: »Na klar, das ist ja ihre Mutter!« Oder ein anderer Fall: Ihr Partner hat Demenz. Dann würde unsere Gesellschaft sagen: »Na, dann hat sie eben Pech gehabt.« Aber das ist es nicht. Das ist ganz schwer.

Das ist eine Lebensaufgabe ...

Ja. Und daran gehen Menschen zugrunde und keiner interessiert sich dafür. Es ist kein Auffangnetz vorhanden. Es gibt Menschen, die durch Pflege selbst pflegebedürftig werden, weil sie körperlich und nervlich am Ende sind.

Was könnte man Ihrer Meinung nach tun, um pflegende Angehörige besser zu unterstützen?

Man könnte laut danach rufen, dass die Krankenkassen das bezahlen sollen. Dann würde ich in eine Diskussion eintreten mit den Krankenkassen, die mich fragen: »Wie wollen wir das finanzieren?« Normalerweise würde der Pflegedienst für diese Leistung honoriert werden. Also warum soll diese Leistung nicht auch dem pflegenden Angehörigen genau wie einem Pflegedienst zuteil werden? Es ist ja letztendlich auch eine Pflege an der Gesellschaft.

Wir werden ja immer älter und werden sicher zunehmend pflegebedürftige Menschen haben ...

Ich habe diese Woche einen interessanten Bericht im Fernsehen gesehen. In welchen Orten oder Regionen leben die ältesten Menschen der Welt? Einer dieser Orte ist auf Sardinien. Wenn Sie hier in Deutschland geboren werden, ist die Wahrscheinlich, dass sie über einhundert Jahre alt werden, 1:500, dort ist sie 1:80. Und es ist der einzige Ort der Welt, wo Männer und Frauen die gleiche Lebenserwartung haben.

Womit erklären Wissenschaftler dieses Phänomen?

Dort ist die Familienbande so intakt. In dem Fernsehbericht sah man eine Winzerfamilie, die vom Urenkel bis zum Opa oder der Oma alle im selben Haus leben und im selben Betrieb arbeiten. Sie trinken abends ein Gläschen Rotwein. Und so sind sie immer integriert. Da wird kein alter Mensch aus seiner Umgebung gerissen, weil ihm gesagt wird: »Du kommst jetzt in ein Heim!«, wie es bei uns üblich ist. Dort ist der Austausch zwischen Alt und Jung permanent gegeben. Die Alten sind auch weniger gebrechlich als hier bei uns. Als ich das gesehen habe, dachte ich: »Donnerwetter!« Das hat viel mit der Psyche der Menschen zu tun, wie gesund sie sind. Kürzlich hat mir ein Arzt erzählt, dass glückliche Menschen zu dreißig Prozent weniger krank werden als unglückliche. Wir stoßen dann irgendwelche Botenstoffe aus, die verhindern, dass wir uns Infekte einfangen. Unser Körper ist schon hochinteressant. Es ist nicht so, dass wir nur krank werden, weil es biochemische oder andere Vorgänge in unserem Körper gibt, die uns krank machen, sondern es hat viel mit der Seele zu tun.

Ja, das stimmt.

Der neunzigjährige Opa schien topfit, obwohl er von einem mehrstündigen Arbeitstag auf seinem Weinberg kam. Er hatte strahlende Augen und wirkte glücklich.

Das ist es, was zählt ...

Ganz genau.

Es sind ja zunehmend häufiger auch Kinder und Jugendliche – deutschlandweit etwa 230.000 – mit der Pflege ihrer Angehörigen betraut. Auch diese jungen Menschen fühlen sich häufig mit ihren Problemen alleine gelassen. Viele haben das Gefühl, mit niemandem reden zu können. Das liegt auch daran, dass die Pflege zeitaufwendig ist und wenig Spielraum für soziale Kontakte außer Haus bleibt. Wenn Sie sich einmal vorstellen, dass Ihre Kinder irgendwann einmal ein Familienmitglied pflegen müssten, welche Unterstützung würden Sie sich wünschen?

Ich wäre dann in der glücklichen Lage, meine Kinder finanziell zu unterstützen. Das ist ja nicht jedem gegeben. Das heißt, hier muss die Allgemeinheit dafür einstehen. Wenn sie bereit ist, einen Pflegedienst zu bezahlen, dann muss sie auch bereit sein, pflegende Familienangehörige entsprechend zu bezahlen. Da müssten Sozialverbände überlegen, wie man das entlohnt, wie man die Pflege gewährleisten kann, welche Hilfsgeräte, Spezialbetten, Rollstühle etc. es braucht. Das kann niemand allein schaffen. Das darf so nicht sein! Und dann braucht es Vereine wie Ihren, an den sich Angehörige wenden können und sich mit anderen Betroffenen, mit Menschen, die ähnliche Erfahrungen gemacht haben, oder mit professionellen Helfern und Pflegern austauschen können. Denn das Schlimmste für diese Menschen ist es, die sozialen Kontakte zu verlieren, zu vereinsamen.

Das stimmt. Wir leben zunehmend in einer Singlegesellschaft. Mehr als vierzig Prozent leben in Einpersonenhaushalten.

Und Berlin ist die größte Singlestadt, habe ich gehört.

Das ist traurig.

Glauben Sie, dass unsere Hotline – wenn wir es schaffen, sie mit den nötigen finanziellen Mitteln ganzjährig anzubieten – auch für die jungen Leute eine Hilfe sein kann? Ich glaube, dass man damit einen kleinen Beitrag leisten könnte, dass diese Kinder und Jugendlichen einfach irgendwo anrufen und ihr Herz ausschütten können und vielleicht dort auch Hilfe bekommen.

Nicht nur die finanzielle Unterstützung und der seelische Trost sind wichtig, auch, dass jemand das Problem ernst nimmt, sich darum kümmert, sich mit dem jungen Menschen unterhält und vielleicht auch den einen oder anderen Tipp bereit hat, weil er ein Stück entfernt ist von dem Problem. Sie sind da auf einem guten Weg!

Sie sind oft unterwegs und mit Ihren Tourneen viel beschäftigt. Bleibt da zwischendurch auch Zeit zum Entspannen? Und wie entspannen Sie am liebsten?

Ich kann ja nicht immer fliegen, obwohl ich das sehr gern tue. Aber ich bin jemand, der sich Zeit nimmt, um abschalten zu können. Meist bin ich mit meiner Frau unterwegs. Dann gehen wir spazieren oder schauen uns Museen an. Man kann Möglichkeiten finden, zur Ruhe zu kommen.

In einem Roman, den ich kürzlich gelesen habe, versuchte die Protagonistin, sich ihr Leben in fünf Jahren vorzustellen. Wenn Sie jetzt für einen Augenblick die Augen schließen, wo sehen Sie sich in fünf Jahren?

Ich vermute, ich werde immer noch mitten im Geschäft stehen. Alles andere wäre widersinnig. Ich will noch nicht in den Ruhestand gehen.

Es liegt ja auch immer an den Menschen, den Fans, dem Publikum – ob sie das zulassen oder irgendwann sagen: »So, jetzt ist es gut. Jetzt kommen wir nicht mehr zu dir.« Dann habe ich Ruhe.

Das kann ich mir nicht vorstellen ...

Wenn Sie einmal an unseren Verein denken: Wo wünschen Sie sich, dass wir in fünf Jahren stehen?

Dass Sie eine Bedeutung haben in Deutschland, dass Sie vielleicht auch mit Krankenhäusern zusammenarbeiten können, mit Pflegeanstalten, Pflegediensten und mit sozialen Betreuungsdiensten. Dass Sie ein fester Faktor werden. Dass Sie mit Ihrem Verein dazu beitragen, dass man die Menschen, die im Schatten stehen, nicht vergisst. Ich habe ja selbst erlebt, dass Menschen, die mit dem Kranken die Zeit durchlitten haben, am Ende noch betroffener waren als der inzwischen Genesene, weil der Angehörige dann am Ende seiner Kraft ist, denn er hat diesen schweren Gang gemacht. Er musste stark sein für den anderen. Und wenn der andere wieder stark ist, bricht der Angehörige zusammen. Dafür muss es Institutionen geben, die ihn stützen und auffangen. Früher gab es das Müttergenesungswerk, weil schon damals erkannt wurde, dass Mütter immer geben und geben, und wenn sie selbst keine Kraft mehr haben, ist niemand da, der ihnen etwas gibt. Kinder und Ehepartner ziehen Kraft.

Mütter konnten dann sechs Wochen in Kur gehen und die Familie musste sehen, wie sie klar kommt. Männer waren ja damals schon ziemlich ignorant, bis sie gezwungen wurden, alles selbst zu machen und dabei feststellten, dass das gar nicht nur so »ein bisschen Haushalt« ist.

Dann hapert es oft an den einfachsten Dingen ...

Natürlich.

Sie haben der Stadt Berlin einen eigenen Song gewidmet. Was lieben Sie an Berlin besonders?

Ich liebe das Tempo in der Stadt, liebe das Multikulturelle, den ständigen Aufbruch in der Stadt. Ich habe lange nach einem Lied für diese Stadt gesucht, ohne dieses Pathos und die Pseudoromantik an der Krummen Lanke. Man muss eine Sprache finden, die in die Zeit passt.

Herr Kaiser, ich danke Ihnen herzlich für dieses Gespräch!

Roland Kaiser

Der im Mai 1952 in Berlin geborene und aufgewachsene Ronald Keiler machte zunächst eine kaufmännische Lehre und leitete anschließend die Werbeabteilung eines Berliner Autohauses. Produzent Thomas Meisel entdeckte ihn als Sänger. 1976 hatte er mit dem Song »Frei, das heißt allein« seinen ersten Erfolg. Danach folgten viele Hits, darunter »Santa Maria«, »Lieb mich ein letztes Mal«, »Warum hast du nicht Nein gesagt«, u. v. m. Die Themen des karitativen Betätigungsfeldes von Roland Kaiser sind eng mit seiner eigenen Biographie verknüpft. So engagiert er sich – selbst als Vollwaise aufgewachsen – in vielen Einrichtungen für Kinder. Ein weiterer Schwerpunkt ist das Thema Organspende, welchem er sich nach seiner Lungentransplantation im Jahre 2010 zuwandte. Seit Oktober 2016 ist er Schirmherr des Vereins »Was wirklich zählt im Leben e. V.« [2]

---

[2] vgl. https://www.roland-kaiser.de/biografie/

Anna Maria Sturm, © Jeanne Degraa

»Ich habe keine Angst davor, ins Nichts geworfen zu werden.«

Ein Gespräch mit der Schauspielerin Anna Maria Sturm[3]

Als ich an diesem sonnigen Septembertag das »Blumencafé« im Berliner Bezirk Prenzlauer Berg betrete, umfängt mich eine geradezu tropisch anmutende grüne Lunge. Überall gibt es Blumen, kleine Bäume, alles ist grün und erinnert an einen Regenwald. Immer wieder dringen ohrenbetäubende, kreischende Vogellaute zu mir herüber. Und dann sehe ich sie: Zwei wunderschöne Gelbbrustaras mit leuchtendem, blau-grünem Federkleid, die zwischen Ästen und Seilen hin- und herturnen, liebevoll am Gefieder ihres Partners knabbern und die Besucher neugierig anblicken.

Wenig später begrüße ich die sympathische Schauspielerin Anna Maria Sturm. Wir nehmen an einem der kleinen Tische am Fenster Platz und kommen schnell miteinander ins Gespräch. Immer wieder werden wir dabei von den schrillen Lauten der gefiederten Cafébewohner übertönt, was zu einigen heiteren, fast komischen Momenten führt. Gerade weil wir an diesem Nachmittag über ernstere Themen sprechen, ist das eine willkommene kleine Auflockerung, die uns beiden guttut. Wir sprechen über Anna Marias große Leidenschaft – die Schauspielerei –, über die größte Herausforderung ihres Lebens und über einen Gedichtband des Schriftstellers Thomas Bernhard, der ihr Leben veränderte.

Du hast zunächst Pharmazie studiert, bevor du an die Schauspielschule gewechselt bist. Wann wusstest du, dass du Schauspielerin werden möchtest?

Wo ich es ganz sicher wusste, war, als ich mit siebzehn in einem Bühnenstück von Shakespeare mit Studierenden der HKS Ottersberg, die Theater- und Kunsttherapie studiert haben, mitgewirkt habe. Es war das erste Mal, dass ich die Möglichkeit zum Spielen hatte.

---

3 Interview am 25. September 2019 in Berlin

Wie lange hast du Pharmazie studiert?

Ein Semester.

Warum hast du das Pharmazie-Studium damals in Erwägung gezogen?

Mein Onkel hatte eine Apotheke. Es war eine lange Familientradition. Mein Vater hatte auch Pharmazie studiert, ist dann aber Pharmareferent geworden. Und als mein Onkel aufhören wollte, hieß es, dass ich Pharmazie studieren solle. Alle waren begeistert, dass ich die Familientradition weiterführen würde. Doch ich habe mich davon nicht beeindrucken lassen. Ich hatte mich bereits an der Otto-Falkenberg-Schauspielschule beworben, an der ich auch angenommen wurde. Allerdings begann das Studium erst ein Jahr später, und so hatte ich noch Zeit für Pharmazie.

War deine Familie traurig, dass du dich für die Schauspielerei entschieden hattest?

Ja, schon. Denn Künstler zu werden ist immer so eine Sache. Aber ich wollte es wirklich. Für mich war klar, dass ich Schauspielerin werden wollte. Gleichzeitig war ich neugierig auf das Pharmazie-Studium. Ich habe aber schnell gemerkt, dass es mir überhaupt nicht gelegen hat. Es ist ein wahnsinnig schweres Studium, weil man verschiedene naturwissenschaftliche Bereiche abdecken muss. Anfangs wird stark ausgesiebt und man muss viele schwierige Prüfungen schreiben. Am besten hat mir die Pflanzenkunde gefallen. Das habe ich total gerne gemacht. Aber dann kamen die Abschlussprüfungen. Chemie war noch okay, aber bei Mathe und Physik bin ich ausgestiegen. Ich habe durch diesen kleinen Exkurs aber für mich selbst etwas mitgenommen, weil ich verstanden habe, dass man etwas nicht nur halb machen kann. Entweder man macht es richtig oder gar nicht.

Was hat dich auf der Schauspielschule am meisten inspiriert und motiviert?

Die Leistung von Kollegen hat mich motiviert, und wenn ich tolle Filme angeschaut habe. Beim Spielen will man immer das Leben abbilden und spürt sich sehr intensiv. Alles ist sehr emotional. Oft verfranzt man sich dann aber ein bisschen, weil man glaubt, nur beim Spielen diesen Kick erleben zu können. Aber was mich wirklich inspiriert hat, liegt abseits der Schauspielerei: Es ist das Reisen. Es erdet einen und man wird daran erinnert, dass es außerhalb der Künstlerblase eine Welt gibt. Zu sehen, wie andere Menschen leben, wie unterschiedlich ihre Lebensstile sind, hat mich dazu inspiriert, das auch in eine künstlerische Form zu bringen. Und was mich auch sehr bereichert hat, war die Musik. Als ich damit begonnen habe, hat mir das eine sehr große Freiheit geschenkt.

Du machst Jazzmusik? Warst du schon immer musikalisch?

Ja, ich wollte immer schon singen. Musik war stets ein großes Thema in meinem Leben. Allerdings war sie nie so präsent und intensiv wie die Schauspielerei. Am Ende meines Schauspielstudiums habe ich überlegt, Jazzgesang zu studieren, aber dann kamen bereits die ersten Filmangebote. Ich war in dieser Phase noch am Lernen und Erkunden. Das Lernen und Erkunden ist auch heute noch ein schöner Zustand, den ich nie verlieren möchte.

Du hast erwähnt, dass du gerne reist. Gibt es Ziele, die dich besonders reizen?

Es gibt viele Länder, die ich gerne sehen möchte. Ich möchte mal nach Neuseeland reisen und nach Amerika, weil ich dort einige Freunde habe. Die Westküste habe ich noch gar nicht gesehen. Aber ich würde auch gerne Rumänien bereisen – besonders gerne die Karpaten. Der Wunsch zu reisen ist immer da. Ich reise nicht oft, aber wenn ich es mache, dann intensiv.

Man reist ja nicht nur, um etwas Neues zu entdecken, sondern man nimmt auch immer etwas mit, wenn man zurückkehrt …

Das stimmt. Man lernt, das zu schätzen, was man hat, aber auch Dinge infrage zu stellen. Dass man vieles von der Welt gesehen hat, finde ich wichtig, damit man weiß, was es gibt.

Zurück zur Schauspielerei: Gab es eine Rolle, die du besonders gerne gespielt hast?

Ja, meine erste Kinorolle … und auch meinen aktuellen in Frankreich gedrehten Film »Les Traducteurs« habe ich wahnsinnig gerne gespielt. Darin spiele ich eine von neun Übersetzern, die in der engeren Wahl sind, um einen Besteller zu übersetzen. Alle werden in einen Bunker einbestellt, wo sie das streng geheime Manuskript in Augenschein nehmen können. Doch dann werden die ersten zehn Seiten geleaked und gehen online. Das war die schönste Dreherfahrung, die ich bislang machen durfte. Der bisherige Höhepunkt meiner Karriere.

Ich würde aber auch gerne mal etwas Historisches spielen. Am liebsten Charaktere, die ich noch nie verkörpern durfte. Interessant ist für mich immer, etwas zu spielen, was ich nicht so gut kenne. Oder eine fiktive Rolle, damit ich etwas Neues entdecken und aus der Komfortzone treten kann. Ich habe keine Angst, ins Nichts geworfen zu werden. Es würde mich reizen, zu sehen, was dabei herauskommt.

In jedem Leben gibt es Höhen und Tiefen. Was war in deinem Leben ein Tiefpunkt und wie hast du ihn gemeistert?

Ein Tiefpunkt war, als ich mit der Serie »Polizeiruf 110« aufgehört habe. Zu dieser Zeit war vieles im Umbruch. Ich habe auch privat eine schwierige Zeit durchlebt und mit Beziehungen gebrochen. Dabei wollte ich unter keinen Umständen einfach so weitermachen und in der kuscheligen deutschen Fernsehlandschaft alt werden. Darum habe ich einen harten Schnitt gemacht und mit Jazz angefangen. Ich habe viel geübt, eine CD aufgenommen und eine Band gegründet. Das waren alles schöne Sachen. Aber dann kamen finanzielle Sorgen, denn meine Haupteinnahmequelle, mit der ich bislang mein Leben bestritten hatte, war weggebrochen. Natürlich habe ich mit Theater weitergemacht, aber mit einem Stück im Jahr kann man sich nicht ernähren. Es war schwierig für mich. Ich musste meinen Lebensunterhalt bestreiten, hatte Verpflichtungen, aber ich wollte meine künstlerische Freiheit nicht loslassen, weil sie für mich genauso wichtig war. Ich fiel in eine depressive Phase, habe mich gefragt, ob das alles falsch war und ob ich mit all dem zu leichtfertig aufgehört hatte. Oft habe ich damals auch aus meinem Umfeld gehört: »Wie konntest du das nur alles wegwerfen?« Das hat mich in tiefe Zweifel und in eine Sinnkrise gestürzt.

Wenn du heute zurückschaust, würdest du sagen, dass es trotzdem eine gute Erfahrung für dich war?

Ja, es war eine gute Erfahrung, auf sich selbst zurückgeworfen zu sein und zu lernen, mit den eigenen Dämonen fertig zu werden. Das war krass, aber auch eine wichtige Zeit. Ohne sie wäre ich nicht so wie ich jetzt bin.

Gab es etwas, das dir besonders geholfen hat, diese schwierige Zeit zu meistern?

Mir haben die Musik und mein damaliger Partner sehr geholfen. Er hat mich sehr bestärkt und gesagt: »Mach es einfach. Es ist richtig. Lerne, auf dich und deine innere Stimme zu hören.« Natürlich haben mir auch meine Familie und einige Freunde geholfen und meine Tochter, die ich dann bekommen habe. Wenn man ein Kind hat, hat man ja auch mehr Verantwortung. Dann ist man nicht mehr so leichtfertig, sondern strenger mit sich selbst.

Was du gemacht hast, ist mutig. Gerade in der heutigen Zeit, wo alles auf materielle Dinge fokussiert ist und jeder auf Karriere und Erfolg schaut, zu sagen: »Nein! Ich gehe zurück an den Anfang«, ist bewundernswert.

Das war wichtig für mich. Ich wollte mir immer die Freiheit erhalten, künstlerische Entscheidungen treffen zu können. Vor allem im Filmbusiness, wo man nicht viel selbst bestimmen kann, ist das wichtig. Denn hier ist man nicht frei, zu wählen, was man drehen möchte. Man wird ausgesucht, wird besetzt.

Das ist bestimmt ein harter Konkurrenzkampf …

Ja, es ist ein Konkurrenzkampf, vor allem unter Kolleginnen. Klar, ich achte auch auf mein Äußeres, will gut aussehen. Ich lege Wert auf Ästhetik. Es ist aber immer eine schwierige Gratwanderung, damit man sich am Ende nicht verliert. In dieser schwierigen Zeit habe ich auch gesehen, dass äußere Dinge zwar wichtig, aber nicht alles sind.

Ich glaube, wenn du einmal durch so eine schwierige Zeit gegangen bist, weißt du den Erfolg später anders zu schätzen und läufst nicht so leicht Gefahr, die Bodenhaftung zu verlieren.

Es ist in diesem Beruf sehr leicht, egoman oder narzisstisch zu werden. Es geht ja immer um dich selbst, um deine Emotionen, um deine Befindlichkeiten. Und auch am Filmset dreht sich alles um dich. Man wird gefragt: »Kann ich dir noch einen Kaffee bringen?«, »Kann ich noch etwas für dich tun?« Das ist schon gefährlich. Es ist eine große Leistung, damit so umzugehen, dass einem der Erfolg nicht zu Kopf steigt. In meinem französischen Film »Les Traducteurs« habe ich mit wunderbaren Kollegen aus ganz Europa gedreht – alle unfassbar gut. Dabei waren alle so nett und entspannt. Da habe ich gesehen, dass es geht: Man kann tolle Leistungen in seinem Beruf bringen, Erfolg haben, aber dabei kein Arschloch sein.

Mit unserem Verein kümmern wir uns um Angehörige, die jemanden verloren haben. Inwieweit hast du so etwas in deiner Familie schon erlebt und was hat es mit dir gemacht?

Ich habe zwei Angehörige verloren. Meine Oma mütterlicherseits hatte einen schönen, friedlichen Tod. Sie lag im Bett und erlitt einen Herzstillstand. Für die Angehörigen war das traurig und hart. Aber dieser Tod war gut für sie, denn sie war auf niemanden angewiesen, sie musste nicht leiden. Sie war nicht bettlägerig. Meine zweite Oma schon. Sie hatte Krebs und hat sich geweigert, ins Krankenhaus zu gehen. Sie wollte zu Hause sterben. Ihre Kinder haben das verstanden, denn ihre Mutter war ihr Leben lang eine selbstständige Frau gewesen. Es war nahezu undenkbar, dass sie sich in eine fremde Umgebung begibt, in der sie von der Hilfe anderer abhängig sein würde. Aber für ihre Kinder war es schlimm, zu sehen, wie sehr ihre Mutter litt. Für die Betreuung haben wir dann eine Pflegekraft holen müssen. Einer ihrer Söhne konnte das Leiden seiner Mutter überhaupt nicht mit ansehen. Später hat meine Mutter die Pflege übernommen und es mit viel Liebe gemacht. Und davor hatte ich großen Respekt. Es war das erste Mal, dass mir bewusst wurde, was es bedeutet, wenn Eltern krank und pflegebedürftig werden. Ich habe erkannt, dass da später noch etwas auf mich zukommt. Man kann seine Eltern nicht einfach wegschieben, wenn sie krank und pflegebedürftig werden.

Wie lange wurde deine Oma zu Hause gepflegt?

Etwa drei Monate. Das hört sich jetzt nicht lang an, aber für diejenigen, die sie gepflegt haben, war das eine harte Zeit. Sie war eine schwierige Persönlichkeit, die nie Hilfe zugelassen hat. Als meine Schwester mich damals angerufen und mir gesagt hat: »Du, Anna, die Oma ist gestorben!«, war das für mich eine Befreiung. Ich habe tief Luft geholt und gesagt: „Gott sei Dank!«, denn ich war froh, dass ihre irdische Qual vorüber war.

Und für die Angehörigen war es eine unglaubliche Belastung ...

Ja. Aber letztendlich brauchen wir Menschen, die dann für einen da sind. Diese Menschen, die diese Pflege leisten, sind Kämpfer. Sie sind wahre Helden.

Sterben und Tod werden in unserer Gesellschaft gerne verdrängt ...

Stimmt. Es ist schwer, über diese Themen zu sprechen. Gerade in meiner Branche geht es immer nur darum, ein perfektes Bild abzugeben. Es geht um Jugend, um gutes Aussehen, um Stärke. Krankheit, Sterben und Tod kommen da nicht vor.

Aber Tod und Sterben sind Teil unseres Lebens ...

Und wenn man das akzeptiert, geht es einem besser und man kann auch besser leben. Mir hat damals ein Gedichtband von Thomas Bernhard geholfen, das zu verstehen. Das Buch heißt »In hora mortis« (In der Stunde des Todes). Ich habe damals mit einem Musiker eine Lesung gemacht. Thomas Bernhard schreibt darin über den Tod und man spürt in jeder Zeile, dass er sich wirklich mit diesem Thema auseinandergesetzt hat. Ich habe mich vorher nie so intensiv damit beschäftigt.

Was hat das mit dir gemacht – die Erfahrung, die eigene Endlichkeit zu sehen?

Ich war total traurig, als ich das gelesen habe, aber gleichzeitig hat es mir geholfen, die eigene Endlichkeit anzunehmen. Ich habe irgendwann gedacht: »Okay, der Tod kommt, er ist eigentlich immer da. Du musst mit ihm leben. Er begleitet dich.« Es ist aber auch schwierig für mich gewesen, weil es so unglaublich emotionale Texte waren. Und wenn ich nur so ein kleines bisschen drin war, klappte es mit der Lesung nicht.

Die Gedichte haben mir geholfen, den Tod überhaupt zu sehen. Vorher habe ich mich nie mit ihm auseinandergesetzt. Meine beiden Omas waren vierundachtzig und vierundneunzig Jahre alt – das war für mich ja noch so weit weg. Wenn du studierst und dir die Welt offen steht, beschäftigst du dich nicht mit diesem Thema. Heute, wo ich Mutter bin, kann ich mir das schon viel besser vorstellen, weil ich jetzt dieses kleine Wesen sehe und denke: »Ach, ich war ja auch mal so klein.« Und ich sehe meine Mutter, die jetzt Oma ist ...

Oft verfliegt die Zeit ...

Ja, vielleicht liegt das auch daran, dass man sich nicht mehr wirklich einlassen kann auf das, was man erlebt. Man hat keine Ruhe mehr. Ich merke an mir, dass ich oft total unruhig bin. Es fällt mir schwer, runterzukommen und mich zu entspannen. Gerade weil ich immer denke: »Du musst noch dies und das erledigen und es wartet noch so viel Arbeit auf dich.« Man läuft dabei aber Gefahr, gar nicht mehr entspannen zu können. Man genießt auch weniger. Man ist nicht mehr zufrieden mit sich und dem, was ist. Das ist eine Aufgabe, die ich mir gestellt habe: Dass ich zufriedener mit mir selbst sein möchte und lerne, anzunehmen, was ist.

Wie ist es mit der Geduld?

Ich war früher sehr ungeduldig. Es musste alles jetzt und hier sein. Es ist besser geworden, aber ich bin noch lange nicht da, wo ich hin möchte.

Bist du in einem Glauben, einer Religion verwurzelt?

Ich bin katholisch erzogen worden und habe eine Grundschule besucht, die von Nonnen organisiert wurde. Das hat mich geprägt. Die Nonnen waren so lieb und von Grund auf herzlich. Eines habe ich jedoch nie verstanden: Warum die Schuldfrage und das Schuldbewusstsein solch zentrale Themen sind.

Das Thema Schuld begleitet uns ein Leben lang ...

Ja, aber immer beichten zu müssen und daran erinnert zu werden ... was bringt das? Einmal habe ich eine Beichte vergessen. Da war die Schwester sauer und hat mir ein richtig schlechtes Gewissen gemacht. Das finde ich total kontraproduktiv.

Glaubst du an Gott?

Ich glaube nicht speziell an den einen Gott. Aber an etwas, das es da oben gibt und unsere Geschicke lenkt.

Glaubst du an ein Leben nach dem Tod?

Ja, aber auch hier glaube ich nicht speziell an einen Himmel oder an ein Paradies. Ich kann mir vorstellen, dass es in einer anderen Form weitergeht. Ich weiß es nicht, aber ich bin sicher, dass es irgendetwas geben muss.

Leider geht die geistige, spirituelle Welt heute in der immer stärker materialistischen Welt verloren ...

Ja, das ist schade. Alles, was man nicht fassen und nicht sehen kann, geht zunehmend verloren. Dabei kann man manche Dinge nur glauben und nur fühlen. Ich selbst glaube an die Natur und an alles, was um einen herum ist. Da kann man fühlen, dass es etwas gibt.

Lass uns noch einmal zurückkommen zu den pflegenden Angehörigen: Wenn du dich an deine Mutter erinnerst, die damals deine Oma gepflegt hat, was hätte ihr geholfen? Wie hätte man sie besser auffangen können?

Was ich sehe, ist, dass man mit dem Thema Pflege total allein gelassen wird. Wenn so etwas passiert, ist es immer eine Ausnahmesituation und kulturell gar nicht abgedeckt. In Naturreligionen ist es beispielsweise so, dass vom Dorf ein Schamane kommt und der Seele hilft, überzutreten. Wir denken, wir brauchen nicht unbedingt Schamanen, wie man sie aus dem Fernsehen kennt, aber was bei uns fehlt ist eine Kultur, die dem Tod und der Seele Raum gibt.

Wir sind heute mehrheitlich Stadtmenschen und vereinsamen immer mehr. Wir kennen kaum noch unsere Nachbarn. Es wäre schön, wenn man hier Hilfe hätte – eine Anlaufstelle, die einen unterstützt. Klar wäre es auch nett, wenn der Nachbar kommt und fragt, ob man Hilfe braucht. Das würde auch schon mal helfen. Aber was macht man, wenn man voll berufstätig ist und niemanden hat?

Generell herrscht im Pflegesektor großer Bedarf und man hört selten Gutes. Deshalb wollte meine Oma ja auch nicht ins Heim. Sie wusste, dass dort schlimme Zustände herrschen. Ich war das erste Mal als Kind in einem Altenheim. Ich habe mich fast übergeben. Allein der Gestank war furchtbar. Da lebt man sein ganzes Leben mit so vielen Hoffnungen und Träumen, und dann muss man sich vorstellen, irgendwann dort zu landen? In so einer stinkenden Bude will ich nicht meinen letzten Atemzug tun. Das will niemand! Ich hoffe, dass ich – wenn es so weit ist – die Courage habe, mein Ende selbst zu bestimmen.

Bist du für einen selbstbestimmten Tod?

Wenn ich es noch kann, ja. Das sagt sich jetzt aber so leicht. Wenn man in der Situation ist, hat man trotzdem noch einen Überlebenstrieb. Man kann jetzt noch nicht wissen, was man dann denken und fühlen wird. Ich habe es auch bei meiner Oma gesehen. Sie war bettlägerig, hatte Wucherungen am ganzen Körper, und konnte sich nicht mehr alleine aufrichten. Aber sie wollte unbedingt noch Kniebeugen machen und Klavier spielen. Sie wollte leben bis zuletzt.

Wichtig ist, wie auch immer die Situation dann aussieht, dass man nicht alleine bleibt und begleitet wird. Das ist bei den Naturvölkern so schön, dass es dort jemanden gibt, der einen begleitet. Aber die haben eine ganz andere Lebenseinstellung als wir. Ich denke, bei uns geht es oft um die falschen Werte.

Was können wir tun, um wieder zu den wahren Werten zurückzukehren?

Jeder muss an sich selbst arbeiten, sich selbst infrage stellen. Wir sollten achtsamer mit unseren Mitmenschen sein, uns um unsere Nachbarn kümmern, achtsam sein mit der Natur und mit den Tieren, vielleicht auf die eine oder andere Flugreise verzichten. Wir müssen jetzt umdenken, denn wenn wir nur an uns selbst denken, dann geht es mit uns allen schnell zu Ende.

Was ist es, das im Leben wirklich zählt?

Familie, Natur, Musik und Kunst sind mir wichtig. Für mich zählt, dass mein Leben harmonisch verlaufen kann, dass es schön ist, und dass das, was ich tue, einen Wert hat. Dass ich keine Baustellen hinterlasse. Ich möchte der beste Mensch sein, der ich sein kann. Ich finde es auch wichtig, das Leben selbst wertzuschätzen, es aus Kinderaugen zu sehen – unbeschwert und neugierig zu bleiben.

Anna Maria, ich danke dir für dieses Gespräch!

Anna Maria Sturm

Die Schauspielerin und Sängerin Anna Maria Sturm – 1982 in Regensburg geboren – studierte zunächst Pharmazie, bevor sie 2007 ihre Schauspielausbildung an der renommierten Otto-Falkenberg-Schule in München abschloss. Schon als Studentin stand sie mehrfach auf der Bühne der Münchner Kammerspiele, die zu ihrer ersten künstlerischen Heimat wurde. Parallel zu ihrer Theaterarbeit begann ihre Filmkarriere. Zu ihren bekanntesten Fernsehrollen zählt die der jungen Kommissarin Anna Burnhauser, die sie bis 2013 an der Seite von Matthias Brandt in der Krimireihe »Polizeiruf 110« verkörperte.

Anna Maria Sturm entwickelte schnell auch eine Liebe und Faszination für die klassische Musik und den Jazz. Erste musikalische Auftritte hatte sie bereits während ihres Schauspielstudiums[4]. Anna Maria Sturm hat eine Tochter und lebt in Berlin.

4 https://www.annamariasturm.com/biographie

Prof. Dr. Janssens, © Fotostudio Strauch/Thomas Weiland

»Ordnet alles in eurem Leben, denn ihr wisst nicht, was morgen Abend passiert.«

Ein Gespräch mit Prof. Dr. Uwe Janssens[5] über die Endlichkeit des Seins und die Hoffnung, dass es etwas Größeres gibt

»Was dich nicht umbringt, gibt dir neue Kraft zum Leben. Mag's abgrundfinster sein, du zeigst der Nacht die Faust. So ganz kriegt dich das Dunkel nicht, du lebst schon für das Licht, weil du grad jetzt nach vorne schaust. Was dich nicht umbringt, gibt dir neue Kraft zum Leben. So lang du frieren kannst, bist du noch nicht erfror'n. Wie tröstlich und wie rätselhaft, aus allerletzter Kraft wird Hoffnung doch immer neu gebor'n.«

Udo Jürgens

Als ich kürzlich den Film »Was uns nicht umbringt« in einem Internetportal entdeckte, konnte ich nicht anders als ihn mir anzuschauen, denn der Titel erinnerte mich an den gleichnamigen Song von Udo Jürgens, der mir in schwierigen Zeiten Kraft gab. Im Mittelpunkt des Films stehen der eigenwillige Psychotherapeut Max, der selbst einige ungelöste Probleme und eine ungelebte Liebe mit sich herumträgt, und seine Klienten. Es geht um private Verstrickungen, Ängste und Verlusterfahrungen, aber auch um nicht gelebte Träume und Hoffnungen der so unterschiedlichen Protagonisten. Da ist beispielsweise die Soundkünstlerin Sophie, die von ihrem Freund immer wieder versetzt wird, und die Schriftstellerin Isabelle, die mit dem plötzlichen Tod ihres Lebensgefährten einfach nicht fertig wird. Auch Bestatter Mark landet auf der Couch von Max, weil er mit seinem Leben unzufrieden ist und meint, inzwischen genug Trauernde getröstet zu haben. Und dann sind da noch Tierpflegerin Sunny und ihr Kollege Hannes, die mehr verbindet als nur ihre Zusammenarbeit, und Loretta, die Exfrau von Max, die Angst hat, den nächsten verbindlichen Schritt in der Beziehung mit ihrem jungen Liebhaber zu gehen.

---

5 Interview via skype, am 4. Juni 2019

Es ist ein vielfältiges Allerlei von Schicksalen, das dieser Film darbietet, und es ist das Leben selbst, das es zusammenstellt. Jeder von uns findet sich gewiss in der einen oder anderen Sequenz wieder. Was den Film so besonders macht, ist, dass er dazu anregt, über das eigene Leben, die eigenen Ängste, Hoffnungen und unerfüllten Träume nachzudenken. Er zeigt, dass das Schicksal zwar zu einhundert Prozent fremdbestimmt ist, aber auch zu einhundert Prozent selbstbestimmt werden kann. Ein Paradoxon, finden Sie nicht? Wichtig ist, zu erkennen, dass wir im Film unseres Lebens die Regie führen, und wir damit selbst in der Hand haben, welchen Weg wir einschlagen und wie wir mit Verlusten umgehen. Denn wir können auch aus schweren Lebenskrisen persönlich gestärkt hervorgehen. Dass das möglich ist, belegen sowohl Studien, die sich mit dem Trauma der Terroranschläge vom 11. September 2001 beschäftigten, als auch zahlreiche empirische Befunde von Krebspatienten sowie von Menschen, die Opfer von Natur- und Gewaltkatastrophen wurden. Sie alle zeigen, dass dem Leid neben den belastenden auch stärkende, positive Emotionen folgen können. Ein Ergebnis, das Mut macht – gerade dann, wenn man sich in einer solchen Situation befindet.

Bei meinem Gespräch mit dem Chefarzt für Innere Medizin und Internistische Intensivmedizin am St.-Antonius-Hospital in Eschweiler, Prof. Dr. Uwe Janssens, wird es nicht nur darum gehen, wie man Angehörige durch Krisen begleitet, sondern auch darum, dass es wichtig ist, das Leben im Hier und Jetzt zu leben – denn wir können nie wissen, wie viel Zeit uns bleibt.

Als Chefarzt einer Klinik für Innere Medizin und Internistische Intensivmedizin behandeln Sie auch Patienten mit unheilbaren oder terminalen Erkrankungen. Wie gehen Patienten mit solchen Diagnosen um und wie schwer ist es für Sie, diese zu vermitteln?

Das ist sehr unterschiedlich. Mich hat dieses Thema mein ganzes Berufsleben lang immer sehr interessiert. Die Vermittlung von schlimmen Botschaften in der Inneren Medizin – die zunehmend mit alten und schwerkranken Menschen zu tun hat – zählt zu unseren Kernaufgaben. In der Kardiologie und in der Inneren Medizin haben wir häufig Patienten, die schon lange sehr krank sind und bereits viele Behandlungen hinter sich gebracht haben. Da kommt es tatsächlich vor, dass man aus heiterem Himmel einen bösartigen Tumor bei einem Patienten diagnostiziert. Meine Strategie bei der Vermittlung solcher Botschaften ist die einzige, die ich für richtig erachte: der offene und wirklich ehrliche Umgang damit, ohne Schnörkel und ohne alles. Einfach mit der Tür ins Haus fallen und die Dinge beim Namen nennen. Viele haben ja genau davor Angst.

Das ist genau der Punkt. Ich denke auch, dass ein offenes und ehrliches Gespräch sehr wertvoll ist. Leider habe ich das damals – als mein Mann unheilbar an Krebs erkrankte – anders erlebt. Die Ärzte haben nicht offen über die Folgen und Nebenwirkungen einer Strahlen- und Chemotherapie aufgeklärt. Wie häufig haben Sie erlebt, dass Mediziner nicht offen mit Patienten kommunizieren, und ist das an Ihrer Klinik anders?

Ich leite seit vielen Jahren die Sektion Ethik der Deutschen Interdisziplinären Vereinigung für Intensiv- und Notfallmedizin (*DIVI*). Dort stehe ich mit Kollegen aus ganz unterschiedlichen Bereichen in Kontakt. Gemeinsam haben wir mehrere Konzepte entwickelt, in denen es um Therapiebegrenzung und -limitierung geht und vor allem auch darum, Sinnhaftigkeit und Sinnlosigkeit einer Therapie zu erkennen. Im Zentrum steht die offene und empathische Kommunikation. Das setzt voraus, dass ein Arzt auf Patienten und Angehörige zugehen kann und dabei professionell ist. Und dazu gehört auch Erfahrung. An unserer Klinik wird das so gehandhabt, dass zunächst Informationsgespräche über kritische Erkrankungen geführt werden. Wenn es dann um wirklich relevante Therapieentscheidungen, wie beispielsweise Therapiezieländerungen, geht, liegen die Gespräche in den Händen von erfahrenen Ärzten. Wir führen diese Gespräche nie alleine. Ich nehme immer die Assistenzärzte zu diesen Gesprächen mit, damit sie die Sprache und das Setting lernen können. Um noch einmal darauf zurückzukommen, was Sie mit den Ärzten Ihres Mannes erlebt haben: Das stimmt einen schon traurig. Ich finde es auch nicht gut. Ich glaube, dass viele Ärzte nach wie vor Probleme damit haben, mit diesem Thema offen und ehrlich umzugehen. Betrachten wir jetzt mal die Onkologen – also die Ärzte, die bei Ihrem Mann im Einsatz waren: Vermutlich ist ihr Berufsverständnis darauf ausgerichtet, dem Patienten nie die Hoffnung zu nehmen und immer eine Perspektive offen zu halten. Natürlich kann man dem Patienten immer etwas anbieten. Ich bekomme das ja in meiner eigenen Klinik auch mit. Wir erleben hier oft, dass Patienten mit schwersten Erkrankungen zu uns kommen und vollkommen unvorbereitet sind. Und das macht es dann natürlich schwierig. Beispielsweise, wenn wir einen Patienten bekommen, der die dritte oder vierte Chemotherapie hatte, und wir wissen, dass eigentlich der ganze Körper am Ende ist, keine Abwehrkräfte mehr vorhanden sind und es erwartungsgemäß zu schweren Infektionen kommen kann, die wir ja dann auch behandeln. Aber es wurde mit diesen Patienten eben nie über die potenzielle Möglichkeit des Sterbens gesprochen und auch nicht darüber, wo ein Arzt an seine Grenzen kommt, wo man anfängt, aber vor allem auch, wo man aufhört. Man beginnt häufig Therapien – wie damals bei Ihrem Mann – und tut von Anfang an so, als würde man das irgendwie wieder hinbekommen. Auch wenn es unrealistisch ist. Häufig wird dann als Argumentation angeführt, dass man dem Patienten doch die Hoffnung nicht nehmen dürfe. Das stimmt auch. Ich bekomme viele Patienten, bei denen Tumorerkrankungen diagnostiziert wurden. Aber ich mache ihnen keine unrealistischen Hoffnungen, sondern ich setze mich mit dem Patienten zusammen und erkläre ihm den Befund. Dabei bin ich ganz klar, benenne es so, wie es ist und erkläre ihm, wo wir stehen. Und ich sage ihm immer auch: »Sie wissen genauso viel wie ich. Ich weiß auch nicht mehr.« Denn bei Tumorerkrankungen kann niemand eine sichere Prognose geben. Alles ist möglich. Ich vermittle auch stets, dass alles nur Angebote sind und keine Versprechen.

Bei Patienten mit Tumorerkrankungen sehe ich mich auch immer selbst da liegen, und das macht mir schon Angst. Ich wüsste gar nicht, wie ich damit umgehen würde. Aber ich weiß auch, dass ich wissen wollte, was ist und wie meine Chancen stehen. Das Allerschlimmste bei dieser Form der Erkrankung ist aber, dass man gar nicht sagen kann, wie die Chancen stehen. Es ist immer eine gemeinsame Reise, auf die man sich begibt. Natürlich hat der Patient dabei eine andere Last zu tragen als ich als Arzt. Menschen gehen sehr unterschiedlich mit solchen Diagnosen um: Manche sind tapfer und diszipliniert, andere fallen in sich zusammen, wieder andere sind verzweifelt und fangen an zu weinen. Die meisten Patienten gehen damit ganz gut um – und das gibt auch mir Hoffnung.

Welche Erfahrungen haben Sie im Umgang mit Angehörigen gemacht und wie können sie Ihrer Meinung nach besser aufgefangen werden?

In der Intensivmedizin verdichten sich viele Prozesse. Gerade vor unserem Telefonat bin ich von der Intensivstation gekommen. Dort liegt eine sechsundfünfzigjährige Frau mit einer schweren Herzerkrankung. Seit drei Monaten war sie immer wieder zur Behandlung bei uns. Nun liegt sie seit drei Wochen auf der Intensivstation, weil Komplikationen aufgetreten sind und unter anderem ihre Nieren versagt haben. Diese Frau war immer so tapfer und optimistisch und hat nie geklagt. In einer solchen Situation frage ich mich immer, wie die Patienten das aushalten. Seit Tagen haben wir über diesen Fall diskutiert und festgestellt, dass es für sie keinen Weg mehr aus der Klinik gibt. Noch heute Morgen sagte mir ein Oberarzt: »Sie ist doch immer so lebensbejahend und hat einen hohen Therapiewunsch!« Dennoch mussten wir – Pfleger, Assistenz- und Oberärzte – uns eingestehen, dass wir ihr nichts mehr anbieten können. Wir könnten ihr selbst mit Organersatzverfahren ein Leben nicht mehr garantieren.

Das heißt, selbst eine Transplantation würde nichts mehr bringen?

Nein, die Transplantation war nie eine Alternative. Also haben wir beschlossen: »Wir müssen der Patientin offen und ehrlich sagen, dass es nicht funktioniert.« Ich bin dann auch unmittelbar nach unserer Besprechung in ihr Zimmer gegangen und habe ihr gesagt: »Wir können Ihnen in Ihrer Situation leider nichts mehr anbieten und sind in großer Sorge, dass Sie es nicht schaffen.« Sie war die ganze Zeit über so tapfer. Schließlich hat sie geweint und ich habe gefragt: »Wovor haben Sie Angst?« Sie antwortete: »Ich will nicht sterben, aber ich kann auch nicht mehr.« Und dann haben wir darüber geredet, und ich habe gesagt: »Wissen Sie, wir können Ihnen zwar keine Therapie mehr anbieten, aber wir können Ihnen versprechen, dass Sie keine Schmerzen haben werden. Ihre Tochter und Ihr Ehemann warten schon draußen und werden gleich zu Ihnen kommen. Wir werden das dann auch noch einmal gemeinsam besprechen.

Aber das Wichtigste ist, dass Sie jetzt erst einmal abgeschirmt werden. Ich würde Ihnen gern einen Morphiumperfusor[6] geben, damit Sie etwas zur Ruhe kommen.« Sie nickte und war sofort damit einverstanden. Später hat sie meinem Oberarzt auch noch einmal erläutert, dass sie wirklich nicht mehr kann, das sie nicht mehr leben will und jetzt einfach einschlafen möchte.

Mit der Familie sind sehr ausführliche Gespräche geführt worden. Sie wussten auch, dass es keine Perspektive mehr gibt. Die Patientin ist inzwischen im palliativen Sedierungssetting angekommen.

Dieses Verfahren der palliativen Sedierung ist unumkehrbar?

Es gibt für mich nur wenige vorstellbare Situationen, in denen man eine palliative Sedierung wieder beendet würde (vor allem nicht in der Intensivmedizin). Das Therapieziel in dieser Situation ist ein möglichst schmerzfreies, angstfreies Sterben in Würde. Natürlich könnte man eine palliative Sedierung auch absetzen oder die Dosierung verändern.

Die palliative Sedierung zielt darauf ab, durch sedierend wirkende Medikamente unerträgliches Leiden durch eine Bewusstseinsminderung zu lindern. Situationen wie diese haben wir in der Praxis häufig. Nehmen wir mal den fünfundsechzigjährigen reanimierten Patienten, der in einem Supermarkt zusammengebrochen ist und bei dem man schon ziemlich genau weiß, dass es wahrscheinlich hochkritisch ist – nicht, was sein Überleben betrifft, sondern ein *sinnvolles* Überleben. Das ist wie bei einem Autofahrer, der gegen eine Brücke fährt, überlebt, aber schwer traumatisiert ist und eine düstere und wenig hoffnungsvolle Prognose erhält. In diesen Situationen trifft man auf die Angehörigen. Dann wird ein erstes Orientierungsgespräch geführt. Am nächsten Tag folgt ein ausführliches Gespräch. Diese Gespräche werden nie zwischen Tür und Angel geführt, sondern in unserem Angehörigenbesprechungsraum, den wir uns hart erkämpft haben. Der Raum ist auch nicht auf der Station. Das hat den Vorteil, dass man in Ruhe sprechen kann und nicht gestört wird. An diesen Gesprächen nehmen alle wesentlichen Beteiligten

---

6 kontinuierliche intravenöse Verabreichung eines hochwirksamen Schmerzmittels (Morphin) mittels einer Dosierpumpe (»Perfusor«)

teil, auch die Pflege, weil sie ganz nah am Patienten ist, und natürlich die Angehörigen. Es gibt dann meist ein Sach- und Orientierungsgespräch, in dem erklärt wird, wo wir stehen. Wichtig ist, dass man klar benennt, was los ist, beispielsweise, dass der Patient schon klinisch tot war, reanimiert wurde und was dies für den Patienten bedeutet. Das Allerwichtigste ist, die Angehörigen wegzuleiten von ihren eigenen Verlustängsten, hin zum Patienten. Denn der einzige nicht Anwesende bei diesen Gesprächen ist der Patient. Dass Angehörige ihren Partner oder ihr Kind verlieren, ist natürlich furchtbar und hochgradig traumatisierend für die Angehörigen. Wenn man sie alleine lässt, nicht mitnimmt und nicht behutsam begleitet, sind sie sogar für den Rest ihres Lebens massiv traumatisiert. Das ist ein großes Problem und wir wissen das aus vielen wissenschaftlichen Untersuchungen. Viele von ihnen entwickeln schwere Depressionen, nehmen ein Jahr später noch Psychopharmaka, geraten in Phasen schwerer Trauer und sind nahezu lebensunfähig. Das betrifft etwa sechzig Prozent der Angehörigen von Intensivpatienten. Deshalb sind die Angehörigen unglaublich wichtig. Natürlich sind sie auch wichtig, um herauszufinden, was der Patientenwille ist: Denn diesen Willen findet man nur, wenn man behutsam in die Gespräche mit ihnen einsteigt, offen und ehrlich alles anspricht und nicht verheimlicht, dass es hier möglicherweise auch um den Tod geht.

Eine Patientenverfügung ist nach meiner Erfahrung etwas sehr Wichtiges. Wie häufig erleben Sie denn, dass keine Patientenverfügung vorliegt?

Das ist eigentlich immer noch der Regelfall. Es wird aber besser. Dennoch finde ich, dass es bei der Patientenverfügung, so wie sie 2009 eingeführt wurde, zwei größere Probleme gibt: Das erste Problem ist, dass es keine Beratungspflicht gibt. Das heißt, man kann sich an seinen Rechner setzen und sich einfach eine Verfügung herunterladen. Das ist natürlich totaler Irrsinn. Denn es geht ja nicht darum, sich ein Medikament zu besorgen, sondern es sind weitreichende Entscheidungen, die getroffen werden müssen. Und dass irgendjemand von uns, wenn er gesund ist, auch nur eine ansatzweise Vorstellung davon hat, wie es ist, in die Nähe des Todes zu geraten, glaube ich nicht. Auch wissen die meisten Menschen nicht, was eine Intensivtherapie bedeutet, was sie vermag und vor allem, was sie nicht vermag. Das kann man nirgendwo nachlesen, auch nicht beim Bundesministerium für Justiz. Das zweite Problem ist, dass die Hausärzte, die meines Erachtens die Garanten dafür sein sollten, dass so etwas in einem Vertrauensverhältnis besprochen wird, oft auch keine klare Vorstellung davon haben, welche Chancen, aber auch Risiken die moderne Intensivmedizin bietet. Dennoch spielen die Hausärzte eine zentrale Rolle bei der Abfassung von Patientenverfügungen, denn sie kennen ihre Patienten seit langer Zeit und können sie sicherlich in dieser Situation am besten beraten.

Der Gesetzgeber hat aus meiner Sicht ebenfalls versäumt, eine regelmäßige erneute Überprüfung der Patientenverfügung vorzusehen. Eine Patientenverfügung, die zehn Jahre alt ist, kann gar nicht mehr den aktuellen Patientenwillen abdecken.

Ich habe auch eine solche Verfügung ausgefüllt, und bei der einen oder anderen Frage musste ich schon sehr intensiv nachdenken, was das denn bedeutet ...

Genau. Aber wenn eine solche Verfügung vorhanden ist, deutet es zumindest darauf hin, dass derjenige, der sie ausgefüllt hat, sich damit auseinandergesetzt hat. Und daraus kann man auch schon einiges ablesen. Die Patientenverfügung ist grundsätzlich mit dem derzeitigen Ankreuzprinzip nicht wirklich spezifisch. Es wird auch in der Rechtsprechung gefordert, dass sie viel genauer sein muss. Mit diesen allgemeinen, ungenauen Formulierungen kann man in der Praxis wenig anfangen. Man muss erläutern, was genau gemeint ist. Die Ärzte meinen oft fälschlicherweise, sie seien diejenigen, die das zu interpretieren haben. Richtig ist, dass es allein der Vorsorgeberechtigte ist, der das tun und vor allem umsetzen muss. Ärzte haben da allenfalls Beratungshoheit.

Für die Angehörigen ist es schon entlastend, wenn eine Patientenverfügung vorhanden ist, weil sie dadurch nicht in die Situation kommen, über Leben und Tod entscheiden zu müssen.

Das ist einer der wichtigsten Kernpunkte und das ist auch der Punkt, an dem vieles scheitert und in die falsche Richtung läuft. Dass ein Arzt in einem Gespräch die Angehörigen fragt, was sie wollen und was gemacht werden soll, ist die größte Katastrophe, die es geben kann. Wie soll denn ein Angehöriger wissen, was gemacht werden soll? Er verfügt über keinerlei medizinische Kenntnisse. Einer der schwerwiegendsten Fehler, die

Ärzte immer wieder machen, ist, wenn beispielsweise der Sohn mit seiner neunzigjährigen Mutter in die Notaufnahme kommt, zu fragen: »Sollen wir sie auf die Intensivstation aufnehmen?« Wenn diese Entscheidung auf die Angehörigen abgewälzt wird, entstehen unglaubliche Konflikte. Denn es ist doch klar, dass die Antwort lautet: »Natürlich muss alles gemacht werden.« Dabei können die Angehörigen gar nicht entscheiden, ob es einen sinnvollen Therapieansatz gibt. Das ist auch nicht ihre Aufgabe. Die Indikation für eine Therapie ist die Hoheit der Medizin. Die Schwierigkeit besteht darin, dass man die Therapie ausschließlich aus der Sicht des Patienten bewerten kann. Medizinisch ist vieles machbar: Man kann beatmen, tracheotomieren (*Luftröhrenschnitt*) ... Aber ich muss als Arzt immer auch nach der Sinnhaftigkeit fragen. Eine Sinnlosigkeit ist relativ einfach zu erkennen, aber eine Sinnhaftigkeit festzustellen, ist nicht leicht. Es mag Patienten geben, die vollkommen paralysiert sind, nur noch an die Wände starren können und sagen: »Ich kann meine Frau zumindest noch sehen, das ist für mich lebenswert.« Das ist ein Fehler, den viele von uns machen: zu glauben, ihre Einschätzung von Lebensqualität und dem, was das Leben ausmacht, könnte eins zu eins auf den Patienten übertragen werden. Das darf man nicht. Man muss herausfinden, was seine Vorstellungen sind. Und das muss im Gespräch mit den Angehörigen im Zentrum stehen. Ich frage sie also: »Was ist das für ein Mensch?«, »Was hat er gemacht?«, »Was war sein Beruf?«, »Womit hat er sich die letzten Wochen beschäftigt?«, »Wie sieht sein Lebensentwurf aus?« Da kommen dann häufig widersprüchliche Aussagen. Eigentlich saß er nur still in der Ecke, hat sich für nichts mehr interessiert, aber sie vermitteln uns das Bild eines Menschen, der sehr lebensfroh war und immer nach vorne geblickt hat. Die Angehörigen wollen ihren geliebten Menschen nicht verlieren, müssen sich aber trotzdem immer wieder folgende Fragen stellen, um zu unterscheiden: »Was will ich für mich?«, »Was will ich für den Patienten?« und »Was glaube ich, dass er für sich will?«

Das ist nicht leicht ...

Ja. Aber wenn man diese Differenzierung macht, erkennen die Angehörigen, wie wichtig diese Unterscheidung für das Wohl des Patienten ist. Man muss immer darauf hinweisen, dass alles, was therapeutisch geschieht, der Patient durchmachen muss. Egal, wie schmerzhaft das für die Angehörigen auch sein mag: Es ist der Patient, der diesen Weg gehen muss. Das muss den Angehörigen klar werden und dafür braucht es Zeit. Auch Ärzte und Schwestern müssen ein Gefühl dafür gewinnen, wo die Ressourcen des Patienten sind. Und das ist tatsächlich ein Gefühl, das man oft nicht objektivieren kann. Es gibt Patienten, die Kämpfer sind, und es gibt Patienten, die passiv in ihrem Bett liegen und nichts mehr aus sich herausholen lassen. Man spürt, dass sie gehen wollen. Dieses Gefühl entwickeln sowohl die Angehörigen als auch wir Ärzte im Team. Schließlich kommt man an den Punkt, wo man feststellt, was der richtige Weg ist. Man muss immer den mutmaßlichen Patientenwillen im Fokus behalten und offen und ehrlich sagen, wohin die Reise vielleicht geht. Und dann kommt irgendwann der Perspektivwechsel, in dem auch der mögliche Tod des Patienten ein Aspekt sein kann. Wenn man die Angehörigen sensibel, aber offen und ehrlich durch diesen Prozess begleitet, ist das Trauma zwar da – weil der Verlust eines Menschen immer traumatisch ist –, aber sie fühlen sich am Ende vielleicht zumindest gut begleitet und nicht allein gelassen.

Sie haben erwähnt, dass es in Ihrer Klinik einen Raum für Angehörige gibt. Welche Möglichkeiten gibt es aus Ihrer Sicht, Angehörige sowohl seelsorgerisch als auch psychologisch zu begleiten? Und was sollte Ihrer Ansicht nach in Zukunft anders oder besser gemacht werden? Kann das überhaupt von der Klinik geleistet werden, denn in der Regel sind Ärzte und Krankenschwestern mit ihren Arbeiten beschäftigt, sodass sie keine Kapazität mehr haben, sich mit den Angehörigen auseinanderzusetzen?

Das ist ein häufiges Argument: »Wir haben keine Zeit dafür.« Das mag tatsächlich der Fall sein, denn die Überlastung von Ärzten und Pflegepersonal ist ein Fakt, den man nicht wegdiskutieren kann. Aber man wird sich wundern, was passiert, wenn man sich diese Zeit für die elementaren Dinge nicht nimmt. Dann fällt es einem an einer anderen Stelle auf die Füße. Dann hat man möglicherweise nur noch nervenaufreibende Diskurse mit Angehörigen, die bis hin zu juristischen Auseinandersetzungen reichen. Das gibt es mittlerweile zuhauf. Zu Recht, wie ich auch finde. Und das Team wird darunter massiv leiden.

Ein gutes Gespräch am Anfang spart am Ende Stunden. Und man schafft dadurch auch eine Atmosphäre des Vertrauens. Der gute Ton im Krankenhaus ist ein Qualitätsmarker der Sonderklasse. Ein Krankenhaus, das darauf nicht achtet, wird irgendwann scheitern müssen. Ich finde es auch furchtbar, dass wir als Gesellschaft den Tod immer ausblenden. Gerade im Krankenhaus darf das nicht passieren. Wenn der Tod auf einer Station keine besondere Bedeutung hat und wenn man das nicht vermittelt, können unsere Assistenzärzte auch keine guten Ärzte werden.

Für Gespräche gibt es bislang keine Abrechnungsziffer. Das haben nur die privaten Krankenversicherungen. Ein Angehörigengespräch ist personell sehr aufwendig, weil die Pflege dabei sein muss, alle beteiligten Fachdisziplinen, die Assistenzärzte und auch Seelsorger. Unter Umständen hat man dann acht oder neun Leute da sitzen, für mindestens dreißig Minuten, aber vielleicht auch für eine Stunde. Wir versuchen gerade, mit der Ethikkommission umzusetzen, dass man diese Gespräche abrechnen kann. Ich habe die Hoffnung, dass es dieses Mal beim DIMDI (*Deutsches Institut für Medizinische Dokumentation und Information*) auch durchkommt. Das wäre eine Sensation. Dann würde ein ethisches Fallgespräch und echte Zuwendung für Patienten und Angehörige erstmals auch eine Vergütung finden.

Das hört sich gut an.

Das wäre ein erster Schritt in die richtige Richtung. Das Burn-out vom Pflegepersonal beruht ja auch teilweise darauf, dass in vielen Kliniken eine maßlose Übertherapie läuft und genau diese Prozesse nicht umgesetzt werden. Dann scheiden die Leute mit Burn-out aus dem Berufsleben aus. Das gesamte Team lernt mit solchen Gesprächen auch Bewältigungsstrategien. Wir haben tatsächlich jetzt in der DIVI auch eine Sektion »Resilienz, Trauma bei Ärzten und Pflegepersonal« und eine Sektion »Psychologie« mit Frau Dr. Teresa Deffner, einer Psychologin aus Jena. Das wäre nahezu ideal, wenn auf großen Intensivstationen ein bestimmter Anteil der Stellen für Psychologen nicht nur für die Betreuung von Patienten und Angehörigen, sondern auch für die Mitarbeiter da wäre.

Ich habe auf der Klinikseite gelesen, dass Sie sich am meisten eine ehrliche Intensivmedizin wünschen. Was genau verstehen Sie darunter?

Ehrliche Intensivmedizin heißt, dass ich nicht blind die Medizintechnik, die ich zur Verfügung habe, nach dem Motto einsetze: »Alles ist machbar! Und der Tod ist für mich kein Gegner. Den werde ich mal überlisten.« Sondern dass ich von vornherein meine eigenen Grenzen, aber auch Grenzen für den Patienten ziehe. Das kann ich allerdings erst dann, wenn ich den Patienten kennengelernt habe. Sich am Anfang hinzustellen und zu sagen: »Der neunzigjährige Opa, der auf der Station liegt, hat die Grenze erreicht!«, ist totaler Unsinn. Wir haben ja nicht nur die Gefahr der Übertherapie, wir haben auch die Gefahr der Unterversorgung. Nämlich dann, wenn wir selbst beispielsweise im Alter dement werden, verarmt und sozial schwach sind und gänzlich ungepflegt in die Klinik kommen. Und dann nehmen Sie mal die demente gleichaltrige Oma, Mutter eines vor Ort ansässigen Rechtsanwaltes, die gut gepflegt dort ankommt. Der gleiche Fall, und Sie können sich vorstellen, was dann passiert. Bei der Mutter des Anwalts wird alles gemacht und in dem anderen Fall nicht. Das ist die Gefahr. Bei unseren Visiten sage ich immer: »Es ist wichtig zu klären, was die Hintergründe sind und was der Background zu Hause ist.« Das ist ein großes Problem, das sich zuspitzen wird, weil wir eine Single-Gesellschaft werden. Wir haben ja schon fast fünfzig Prozent Alleinstehende in bestimmten Alterssegmenten.

Und die Menschen fühlen sich immer einsamer. Eine Studie hat ergeben, dass die Zahl der Menschen, die sich einsam fühlen, bei den Fünfundvierzig- bis Vierundachtzigjährigen von 2011 bis 2017 um rund fünfzehn Prozent gestiegen ist.

Das wird eine Katastrophe werden. Denn wenn wir keine Angehörigen zu Hause haben, die auf die Patienten achten, beginnen die Probleme. Wir hatten vor Kurzem den Fall einer älteren Frau, bei der Sie nie geglaubt hätten, dass sie zu Hause überhaupt lebensfähig ist. Aber sie hat alleine gelebt, irgendwie. Die Frau hatte eine psychiatrische Grunddiagnose. Die Psychiatrien haben in der Begleitung dieser Patientin total versagt. Sie kam zu uns, vollkommen verwahrlost und in katastrophalem Allgemeinzustand. Ein halbes Jahr zuvor war bei ihr ein Tumor diagnostiziert worden, Geschwüre fanden sich auf ihrem ganzen Körper. Sie hatte immer erklärt, dass sie nichts machen möchte. Dann ist sie vom Notarzt intubiert worden. Wir wussten gar nicht, was wir mit ihr machen sollten. Jeder, der das sah, hat erkannt, dass das mit dem Leben überhaupt nicht vereinbar ist. Wir mussten sie von der Maschine wegbekommen, damit sie wieder sprechen und ihren Willen äußern konnte. Das haben wir dann auch geschafft. Sie hatte dann sogar lichte Momente und war klar zu Ort und Person orientiert, und sagte uns: »Klar will ich leben.« Und dann hab ich ihr entgegnet: »Jetzt mal ganz im Ernst, Sie haben furchtbare Geschwüre überall. Die müssten operiert werden, sind aber nicht mehr operabel.« Jetzt kommt aber wieder die Frage nach einem realistischen Therapieziel: Denn ihr Ziel, dass sie wieder nach Hause kommt, war nicht realistisch. Das habe ich ihr auch gesagt. Dennoch blieb die Patientin dabei: »Ich will nicht in ein Heim.« Dann wurde sie schließlich septisch. Die plastischen Chirurgen meinten dann, das müsse man operieren. »Gut«, haben wir gesagt, »aber wir weisen darauf hin, dass wir keine Indikation zur Wiederbelebung sehen und dass es schon bei der Einleitung der Narkose zu schwersten Komplikationen kommen kann. Wir raten aus internistischer Sicht ab, das zu machen.« Das ist ehrliche, wenn auch schwierige Intensivmedizin. Wenn man alle Möglichkeiten ausgelotet hat, muss man den Patienten, weil er nicht mehr therapierbar ist, auf Schmerztherapie umstellen. Und dann ist die Patientin auch friedlich eingeschlafen.

Ich komme mal auf ein ganz anderes Thema zu sprechen. Es wird ja gerade viel über die Widerspruchslösung beim Thema Organspende diskutiert. Wie stehen Sie persönlich dazu? Haben Sie einen Organspendeausweis, sind Sie Organspender und wenn ja, warum?

Ich bin Organspender und ich halte es auch für sinnvoll. Ich habe in Aachen damals die Herzinsuffienz-Transplantationsambulanz betreut. Ich habe Patienten betreut, die nach der Transplantation immer noch am Leben sind. Das ist schon eine fantastische Therapieoption für Menschen, die sonst nicht mehr leben könnten. Ich glaube, über die Indikation und darüber, dass die Transplantation eine sinnvolle Therapieoption ist, muss man sich nicht streiten. Viel strittiger ist es, wenn es darum geht, Organspender zu werden und wie wir das in Deutschland hinbekommen können, denn wir sind Schlusslicht in Europa. Die meisten Länder praktizieren die Widerspruchslösung bereits. Allen voran die Spanier, die mit den Organspendern weltweit an erster Stelle stehen.

Wir haben eine Befragung unter deutschen Intensivmedizinern durchgeführt. Die meisten der eintausend Befragten haben sich für die Widerspruchslösung ausgesprochen. Herr Spahn, der Bundesgesundheitsminister, tritt aber für die doppelte Widerspruchslösung ein. Und keiner weiß, was damit gemeint ist.

Was bedeutet doppelte Widerspruchslösung?

Wenn ich nicht gesagt habe, dass ich kein Organspender bin, bin ich Organspender. Viele Menschen sind aber nicht so differenziert und verfügen nicht über die intellektuelle Kompetenz, das überhaupt zu durchleuchten. Und einfach zu bestimmen, nur weil man nichts gesagt habe, sei man automatisch Organspender. Das sehe ich kritisch. Ich glaube auch, dass das in Deutschland nicht funktionieren wird.

Erschreckend ist auch, wie wenig Ärzte und Pflegekräfte auf Intensivstationen überhaupt über Organspende wissen. Der Bedarf an Aufklärung ist hoch: Was bedeutet Organspende? Wie wird sie durchgeführt? Wie identifiziere ich einen Spender? Ich hatte vor einigen Tagen ein Gespräch mit einem österreichischen Transplantationsbeauftragten in Salzburg. Die Österreicher sind an dritter Stelle in Europa. Da gibt es in der Steiermark ein Krankenhaus, in dem ein Mitarbeiter in der Notaufnahme sitzt, der immer nach Organspendern schaut. Dieses Krankenhaus hat viermal so viele Organspender wie das ganze übrige Land. Da kommt es also auf das Engagement jedes Arztes an. Und die Aufklärung der Bevölkerung ist extrem wichtig. Aber schicken Sie mal einen Achtzehnjährigen zur Führerscheinanmeldung. Wie soll der sich in diesem Alter entscheiden, ob er für Organspende ist oder nicht? Sein Leben hat ja gerade erst richtig begonnen! Zu behaupten, es sei eine Rechtspflicht, sich zu äußern, ist ein bisschen kurz gedacht. Ich muss doch Respekt vor der Autonomie des Patienten haben. Und das ist genau das, was wir in der Intensivmedizin machen. Ich mache nichts gegen den Willen des Patienten. Und wenn ich ihn nicht kenne, versuche ich ihn herauszufinden. Auch die Hausärzte müssten eine wesentliche Rolle dabei spielen und bei der Aufklärung mithelfen. Aber dafür müssen sie auch bezahlt werden. Wenn ich jemanden über Organspende aufklären möchte, brauche ich mindestens eine halbe bis eine Stunde. Ich habe vor Kurzem Studenten der Uni Aachen gefragt: »Was wisst ihr über Organspende?« – »Ach, das haben wir mal gehört.« Mehr kam da nicht als Antwort.

Man muss die Angehörigen auch immer mit einbeziehen. Man kann nicht an ihnen vorbei einfach mal die Hirntoddiagnostik machen. Man muss mit ihnen sprechen und ihnen erklären, was los ist und dass man einen Fall hat, der unter Umständen auf einen Hirntod hinausläuft. Und an dieser Stelle stellt sich die Frage, ob ein Organspendewunsch besteht oder nicht.

Haben Sie selbst Angst vorm Sterben?

Jedes Mal, wenn ich im Krankenhaus sterbende Patienten betreue, stellt sich mir diese Frage. Wenn ich so gesund vor Ihnen sitze, muss ich sagen: Ja, ich habe Angst vor dem Sterben! Einfach deshalb, weil ich das Leben so gerne habe und ich noch so viele Dinge erleben möchte. Wenn mir jetzt jemand sagen würde, dass ich in einem halben Jahr tot sei, würde mich das sehr treffen. Und ich weiß nicht, wie ich damit umgehen würde. Ich bin ganz ehrlich: Ich bin ein angstbeladener Typ. Ich wäre wahrscheinlich nicht so tapfer und würde mir irgendwann Strategien ausdenken. Ich würde mich aber ganz sicher nicht umbringen. Und dann würde ich darauf hoffen, dass irgendwann der Moment kommt, in dem sich die Perspektive dreht. Der Moment, in dem man tatsächlich feststellt, dass die einzige Perspektive das Abschiednehmen ist. Wenn ich erlebe, wie Patienten gehen, von denen man glaubte, dass sie nicht loslassen können und die plötzlich ohne Angst sind, schöpft man auch Hoffnung für sich selbst. Wahrscheinlich kommt im Leben der Moment, in dem man erkennt, dass man nicht mehr kann. Wenn ich vom Dach stürzen würde, bin ich in drei Sekunden tot. Dann habe ich keine Zeit mehr darüber nachzudenken. Aber wenn ich den anderen Weg gehen müsste, der der wahrscheinlichere ist, bin ich überzeugt, dass der Moment kommt, in dem sich die Perspektive dreht. Mir wäre es sehr wichtig, dann alles gelöst zu haben. Deshalb sage ich immer: »Leute, ordnet alles in eurem Leben, denn ihr wisst wirklich nicht, was morgen Abend passiert.« Es ist schon so, dass man versuchen sollte, den Moment zu leben und zu genießen. So trivial das auch klingen mag. Manchmal sehe ich in der Oper ältere Menschen, die sich mit letzter Kraft ins Theater geschleppt haben und denke dann, dass es vielleicht die letzte Aufführung war, die sie gesehen haben. Ob ihnen das bewusst ist, weiß ich nicht, aber hoffentlich haben sie diesen Moment als etwas Besonderes erlebt.

Das wäre schön.

Wie wichtig wäre Ihnen am Ende Ihres Lebens ein selbstbestimmter und würdevoller Tod, wenn eine terminale Erkrankung wie beispielsweise ALS vorliegen würde?

Selbstbestimmt würde ja heißen, dass ich selbst die Kontrolle darüber habe. Bei Patienten mit chronischen terminalen Erkrankungen schwinden die Kräfte. Und dann kommt oft der Moment, in dem sie sagen: »So, es ist gut. Ich habe genug«, wie in der berühmten Bach-Kantate »Ich habe genug«, die genau das ausdrückt. Es wäre schön, wenn man in einem solchen Moment sagen kann: »Ich habe genug. Aber ihr braucht keine Angst haben, denn ich habe auch keine Angst. Es gibt vielleicht ein Wiedersehen. Aber ich habe genug und es war gut.« Angst hätte ich, wenn ich gehen müsste und etwas nicht gesagt hätte. Aber selbst das könnte man nicht verhindern.

Ich würde keinen Schierlingsbecher nehmen, sondern darauf hoffen, dass ich in den Händen guter Ärzte bin. Wir haben in Deutschland die Möglichkeit, Sterbende so zu begleiten, dass sie ohne Schmerz und Leid gehen können. Wenn ich sterbende Menschen begleitet habe, ging es immer darum, ein würdevolles, schmerzloses und angstfreies Sterben zu gewährleisten. Das können wir, indem wir Medikamente einsetzen. Natürlich ist es dann nicht nach zehn Minuten oder eine halben Stunde vorbei. Aber vielleicht nach anderthalb Tagen. Und es war friedlich.

In Holland werden Grenzen aufgebrochen: Weil eine demenzkranke Frau vor vielen Jahren, als sie noch gesund war, festgelegt hat, dass sie im Falle einer Demenz nicht mehr leben möchte, geht die Ärztin ins Heim und bringt sie um. Da haben sie die alte Dame sogar noch festgehalten. Die Frau wollte zu diesem Zeitpunkt gar nicht mehr sterben.

Man muss ja dann in der jeweiligen Situation – soweit möglich – den Patienten auch neu befragen und entscheiden lassen.

Das ist ja die Gefahr, auch bei der Patientenverfügung: dass ernst genommen wird, was ich irgendwann einmal festgeschrieben habe. Der Tübinger Rhetorikprofessor Walter Jens hatte sich für aktive Sterbehilfe ausgesprochen und diese auch für sich gewünscht, falls er seine geistigen Fähigkeiten verlieren sollte. »Nicht mehr schreiben zu können heißt:

Nicht mehr atmen zu können. Dann möchte ich tot sein«, sagte er damals. Dann wurde Jens dement und war sogar glücklich und zufrieden, als ihn seine Pfleger in den Zoo geführt haben, obwohl er zeitlebens einen Horror vor Zootieren hatte.

Jeder sollte sich seine eigene Meinung dazu bilden. Ich glaube, unsere Aufgabe ist es, den Menschen zu helfen.

Glauben Sie an Gott?

Ich glaube an Jesus Christus, ich glaube an die Haltung und ich glaube an das zutiefst Humane. Aber ich bin mir manchmal nicht ganz sicher, ob ich an diese höhere Macht glaube. Ich habe aber den Eindruck, dass es da etwas gibt, das tatsächlich zwischen Himmel und Erde schwebt. Es gibt da etwas Spirituelles, und nennen wir es jetzt einmal Gott. Wenn man dabei ist, wenn ein Mensch friedlich stirbt und geht, dann ist da etwas im Raum, das man nicht fassen kann. Ich glaube nicht, dass das, was Sie oder was mich ausmacht, einfach so verpufft. Ich glaube, dass unsere Energien die Zeit, den Raum und die Unendlichkeit ausfüllen.

Was war die schwierigste Herausforderung in Ihrem Leben und wie haben Sie diese gemeistert?

Eine nachhaltig schwerwiegende Situation in meinem Leben war der Tod meiner Mutter. Meine Mutter ist sehr früh infolge einer Krebserkrankung verstorben. Da hatte ich gerade Abitur gemacht und befand mich im ersten Studienjahr. Sie hatte das Thema Tod immer total verdrängt. Ihr Tod hat mich über viele Jahre beschäftigt. Es war traumatisierend für mich, weil ich feststellte, dass viele Dinge nicht ausgesprochen waren. Meine Mutter konnte das nicht. Das hat nachhaltige, vorübergehende Störungen bei mir ausgelöst und ich musste ein halbes Jahr mit dem Studium aussetzen.

Was hat Ihnen in dieser schwierigen Zeit geholfen?

Ich habe eine Angststörung entwickelt, ärztliche Hilfe in Anspruch genommen und mich nach vorne gekämpft. Ich habe mich bewusst den Herausforderungen gestellt, vor denen ich Angst hatte. Ich habe mich Situationen gestellt, die ich plötzlich nicht mehr bewältigen konnte. In der Zeit, in der ich eine Pause vom Studium gemacht habe, bin ich in die Statisterie des Düsseldorfer Schauspielhauses eingetreten. Einfach mal einen Szenenwechsel zu haben und ohne Druck Dinge tun zu dürfen, das hat mir geholfen. Das hat dazu geführt, dass ich den Faden wieder aufgenommen habe. Ich bin meinem Vater sehr dankbar, dass er damals keinen Druck aufgebaut hat und es ohne große Worte akzeptierte.

Worauf sind Sie in Ihrem Leben besonders stolz?

Dass ich immer wieder mein Rückgrat behalte. Dass ich versucht habe – egal welche Widerstände auftauchten –, mit geradem Rücken durchs Leben zu gehen. Dass ich versuche, mir diese Haltung zu bewahren und dass ich Menschen mitnehmen kann. Dass ich etwas bewirken kann und positive Feedbacks bekomme, macht mich manchmal ein bisschen stolz. Aber man soll sich selbst nicht überbewerten. Ich bin auch sehr glücklich, dass meine Familie trotz meines teilweise zeitlich sehr aufwendigen Berufslebens immer zu mir gestanden hat. Das ist nicht selbstverständlich.

Was ist es, das für Sie wirklich zählt im Leben?

Was für mich unheimlich wichtig ist, ist, dass man ein Ziel hat, das einen erfüllt. Das können kurzfristige oder langfristige Ziele sein oder dass ich gerade versuche, mir ein postberufliches Ziel aufzubauen. Ich kenne so viele Ärzte, die nur Arzt können. Das bin ich überhaupt nicht. Ich werde irgendwann hier rausgehen und sagen: »Ich habe das mit Leidenschaft gemacht und es war eine tolle Zeit. Aber es gibt auch noch etwas anderes.« Am Wochenende fahren wir beispielsweise nach Berlin und besuchen an drei Tagen die Oper. Das wird ein Riesenspaß. Dass ich diese Dinge leben kann, ist mir wichtig. Und ich bin froh und dankbar, dass ich mir das leisten kann, denn auch das ist nicht selbstverständlich.

Herzlichen Dank für das Gespräch, Herr Prof. Dr. Jannsens.

Prof. Dr. Uwe Janssens

Prof. Dr. Uwe Janssens wurde 1960 in Düsseldorf geboren. Er ist Chefarzt der Klinik für Innere Medizin und Internistische Intensivmedizin am St.-Antonius-Hospital in Eschweiler, die er seit 2005 leitet. Zuvor war der Sechzigjährige Chefarzt am Caritas-Krankenhaus Bad Mergentheim, nachdem er an der Universitätsklinik Aachen seine Weiterbildung zum Facharzt für Innere Medizin und Kardiologie sowie die Zusatzbezeichnung »Internistische Intensivmedizin« absolvierte und als leitender Oberarzt Verantwortung für die internistisch-kardiologische Intensivstation getragen hatte. In der Deutschen Interdisziplinären Vereinigung für Intensiv- und Notfallmedizin e. V. (DIVI)[7] engagierte sich Janssens bereits früh. Er ist Sprecher der Sektion Ethik, in der er sich unter anderem mit der Frage befasst, bis zu welcher Grenze der Einsatz moderner intensivmedizinischer Mittel dem Wohl der Patienten dient. Uwe Janssens ist verheiratet und hat zwei Söhne.

---

7 https://www.divi.de

Matthias Steiner, © Steinertainment

»Man braucht die Fähigkeit, sich zu entwickeln, neue Wege zu gehen und Dinge zu hinterfragen.«

Ein Gespräch mit Matthias Steiner[8]

»Wenn man alles berechnen oder planen will, gelingt nichts!«, stellte der italienische Wirtschaftswissenschaftler Romano Prodi einst fest. Treffender kann man es wohl kaum formulieren. Denn das, was unsere Pläne durchkreuzt, ist das Leben selbst – und das folgt seinem eigenen Plan. Wir alle kennen Situationen, in denen wir uns etwas fest vorgenommen haben, Momente, in denen wir Pläne geschmiedet, unsere Zukunft genau durchdacht und überlegt haben, wo wir hin wollen, wo wir leben werden, was wir tun wollen ... Und dann kommt plötzlich alles anders, als wir es uns so schön ausgemalt hatten. Wie oft waren wir bereits traurig, weil das Schicksal unsere Pläne zunichte gemacht hat, wie oft ratlos, verzweifelt, enttäuscht oder zornig? Aber so manches Mal hält das Leben auch wunderbare Wendungen für uns bereit, Begegnungen mit Menschen, die uns bereichern, Erfahrungen, die uns wachsen lassen und Momente, die uns glücklich machen. Und so lernen wir, das Leben einfach geschehen und fließen zu lassen, anzunehmen, was wir nicht ändern können und offen für das zu sein, was kommt.

In Hamburg treffe ich den Olympiasieger im Gewichtheben und heutigen Unternehmer Matthias Steiner. Während wir auf der Terrasse des Alsterpavillons sitzen und den schönen Blick über die Alster genießen, sprechen wir über die Höhen und Tiefen des Lebens und darüber, wie oft das Leben andere Pläne für uns hat als die, die wir geschmiedet haben. »Man braucht«, sinniert Matthias Steiner, »die Fähigkeit, sich zu entwickeln, neue Wege zu gehen und Dinge zu hinterfragen.«

---

8 Interview am 11. Juni 2019 in Hamburg

Herr Steiner, als Sportler waren Sie sehr erfolgreich und haben eine beeindruckende Karriere hingelegt. Wie und wann haben Sie herausgefunden, dass Gewichtheben Ihre Bestimmung sein könnte?

Bestimmung klingt immer so schwer. Ich weiß nicht, ob es Bestimmung war. Es war einfach eine Verkettung glücklicher Zufälle. Nachdem ich beim Fußball die Mannschaft wechseln musste, saß ich im Alter von zehn Jahren auf der Reservebank. Das hat mir nicht gefallen. Dann habe ich Tennis und Tischtennis gespielt und vieles probiert. Mein Vater hat schon immer Gewichtheben gemacht. Sein ganzes Leben lang hat er trainiert, immer neben seinem Beruf. Da war ich oft dabei. Es war für mich etwas Normales, aber nichts Besonderes. Irgendwann kam dann der Punkt, an dem ich gemerkt habe, dass es doch interessant ist, weil man viele Dinge selbst entscheiden kann. Du machst den Wettkampf alleine und bist nicht von Bedingungen wie Wind und Wetter abhängig, die man nicht beeinflussen kann. Das hat mich überzeugt. Doch nun musste ich noch meinem Vater erklären, dass ich das machen will. Denn für ihn war es nur eine Randsportart, nichts für die große Bühne. Ich wollte es aber trotzdem machen. Da war ich zwölf Jahre alt.

Was war die Faszination?

Ich glaube, es war schlicht und ergreifend die Tatsache, dass mein Vater es nicht wollte. Das war der erste Schritt. Mein Vater hat damals in Wirtshauskneipen in Wien gehoben. Da wurde viel geraucht, gegessen und gehoben. So war auch mein erster Wettkampf. Total schräg im Vergleich zu einem Fußballplatz, wo alles nach Sport aussieht. Die Faszination war aber, dass ich nach ein paar Wochen und Monaten und etwas Training gemerkt habe, dass ich fünf Kilo mehr stemmen konnte. In diesem jungen Alter ist es sehr wichtig, dass man schnelle Fortschritte erzielt, die man messen kann. Zum Gegner wird das Messbare erst später.

Was haben Sie später getan, um Ihren Traum zu verwirklichen?

Am Anfang habe ich bei uns im Garten trainiert. Wir hatten ein Hanggrundstück und es war gar nicht so leicht, eine gerade Stelle zu finden, wo ich heben konnte. Mein Vater hat mich erfolgreich ignoriert. Aber es gab dann einige Menschen in Österreich, die mein Talent erkannt haben.

Die wussten, dass ich nicht besonders viel trainierte und trotzdem relativ gut war. Allerdings kamen mir beim Training draußen Wind und Wetter in die Quere. Man kann nicht bei vierzig Grad heben oder wenn Wind weht. Und so habe ich nach einem geeigneten Trainingsraum gesucht. Doch der war dreißig Kilometer entfernt. Auch mein Vater hat dort trainiert. Ich bin dann nachmittags mit dem Bus hin oder ich bin aufs Rennrad gestiegen. Mit vierzehn Jahren war das für mich ein normaler Weg zum Training.

Ich bin ja in einem Elternhaus groß geworden, wo jeder irgendwie mithelfen musste. Meine Eltern hatten nicht viel Geld und haben das Haus selbst saniert. Es war also nichts Außergewöhnliches, dass man nach der Schule etwas tun musste.

Welche Charaktereigenschaften sind Ihrer Meinung nach entscheidend dafür, dass Sie nie aufgegeben haben?

Was ich da nicht zählen lasse, ist Willensstärke. Jeder erfolgreiche Mensch hat einen starken Willen und ein Ziel. Man ist eben nur in dem gut, was man wirklich will. Ich glaube, dass zu einem erfolgreichen Weg eine Persönlichkeitsentwicklung gehört. Man darf nicht auf dem Fleck stehen bleiben. Es kann sein, dass jemand ein Talent hat, sich aber nicht weiterentwickelt. Dann wird er es nie schaffen, auch wenn er die körperlichen Voraussetzungen dafür hat. Im Sport reicht körperliches Talent nicht. Es hilft, wenn man bestimmte Dinge mitbringt, beispielsweise ein Ballgefühl im Tennis oder beim Fußball. Aber man braucht die Fähigkeit, sich zu entwickeln, neue Wege zu gehen und Dinge zu hinterfragen.

In Ihrer Karriere gab es – wie im Leben eines jeden Menschen – auch einige Niederlagen und Rückschläge. Wie sind Sie damit umgegangen und wie haben Sie es geschafft, sich immer wieder neu zu motivieren?

Wenn eine Ohrfeige nach der anderen kommt, fragt man sich schon: »Wann hört das endlich auf?« Aber wenn man mittendrin ist und die Ereignisse sich überstürzen, stellt man sich andere Fragen. Entweder passieren die Dinge gerade dann, wenn alles super läuft, oder sie passieren, weil man an einem Scheideweg steht. Der erste Schicksalsschlag war der Tod meines damaligen Trainers, der an einem Gehirntumor starb. Da war ich siebzehn. Bis zu diesem Zeitpunkt war das Leben total leicht. Ich war in seinen letzten Stunden bei ihm. Diese sechs Stunden an seinem Sterbebett werde ich nie vergessen. Sie beförderten mich direkt ins Erwachsenenleben.

Wie kam es, dass Sie ihn begleitet haben?

Er war ein Schulkamerad meines Vaters. Sie haben lange zusammen trainiert und sich Witze erzählt. Es war immer sehr lustig. Er war ein ruhiger, vertrauensvoller Mensch. Er war mein Halt bei allen Wettkämpfen. Auch wenn ich mal wieder nicht akzeptiert habe, dass ich verloren hatte. Er hat mir nie etwas vorgeschrieben, sondern hat mich durch seine Art geprägt. Er wurde zu Hause gepflegt, weil sein Hirntumor inoperabel war. Meine Eltern waren unterwegs. Ich war zu Hause, als das Telefon klingelte. Seine Frau war dran und sagte: »Walter stirbt in den nächsten Stunden.« Meine Eltern konnte ich nicht erreichen. Handy gab es ja damals noch nicht. Also bin ich aufs Moped gestiegen und hingefahren. Der engste Familienkreis war da und ich mittendrin. Er hat zu diesem Zeitpunkt nichts mehr mitbekommen. Als seine Frau ihm sagte, dass ich da sei, hat er kurz gehustet. Ich bin überzeugt, dass er mich doch noch wahrgenommen hat. An diesem Tag habe ich verstanden, dass man den Weg immer bis zum Schluss gehen muss. Egal, in welchem Zustand ein Mensch ist.

Als meine Eltern mich dann abgeholt haben, habe ich eine halbe Stunde lang nur geweint, weil ich einfach nicht verstanden habe, warum er jetzt schon gehen musste. Ich fand das so unfair. Ich mag es einfach nicht, wenn etwas unfair ist. Das war der Moment, in dem ich viele Dinge hinterfragte. Das war sehr hart.

Ich habe dann verstanden, dass es nicht anders geht und ich es akzeptieren muss. Das rationale Denken funktioniert bei mir ganz gut. Und dann kam Wut über diese Ungerechtigkeit ins Spiel. Ich war kurz davor, bei der ersten Junioren-Europameisterschaft zu starten und internationale Luft zu schnuppern. Und er bekam das alles nicht mehr mit. Diese Wut war die Triebfeder für die nächste Zeit und für die nächsten Wettkämpfe. Aber die nächste Ohrfeige kam ja schneller als gedacht. Ein Jahr später erhielt ich die Diagnose *Typ 1 Diabetes*. Ich wollte gerade den Führerschein machen und endlich mal mit dem Auto in die Disco fahren. Das Leben fing ja gerade erst richtig an. Der Sport lief auch ganz gut. Und dann kam diese Diagnose. »Sie sind schwer krank«, haben die Ärzte gesagt, »Sie müssen Diät halten, Sie dürfen nicht mehr Gewichtheben betreiben und keinen schweren Job mehr machen.«

Typ 1 sind Diabetiker, die sich Insulin spritzen müssen?

Ja. Typ 1 ist eine Autoimmunerkrankung und hat wenig bis gar nichts mit dem Typ 2 gemein. Ich hatte eine Grippe nicht auskuriert. Die Quittung war, dass meine Bauchspeicheldrüse seither kein Insulin mehr produziert. Im Gegensatz zu einem Stoffwechselgesunden muss ich 365 Tage im Jahr, vierundzwanzig Stunden am Tag genau berechnen, was ich esse und wie viel ich mich bewege, und entsprechend Insulin spritzen.

Und es kamen noch ein paar Dinge hinzu. Zum einen rückte der Führerschein in weite Ferne. Und dann bin ich ins Krankenhaus gekommen. Mein Vater war dabei und hat zum ersten Mal in seinem Leben geweint. Er war sonst ein sehr beherrschter, kontrollierter, eher lustiger Mensch. Und da wusste ich: *Hoppla, die Sache ist ernst.* Weil ich gerade achtzehn wurde, kam ich nicht mehr auf die Kinder-, sondern auf die Erwachsenenstation. Und die Erwachsenenstation für Stoffwechselerkrankungen lag damals in diesem Krankenhaus neben der Pathologie.

Oh!

Es war ein schönes altes Krankenhaus. Ich hatte ein hübsches Einzelzimmer und sah, wie ein Sarg nach dem anderen draußen vorbeigefahren wurde, weil sie den kürzesten Weg durch den Park genommen haben. Und da habe ich gedacht: »Jetzt bist du so ziemlich am Ende des Lebens. Du hattest achtzehn schöne Jahre, aber die Zeit kommt nicht zurück.« Was mir geholfen hat, waren meine Freunde. Es war Sommer und wir haben draußen im Park gesessen, Späße gemacht und nicht über die Krankheit gesprochen. Meine Freunde konnten mit meiner Krankheit ja auch nichts anfangen; es gab viele Berührungsängste. Und mir hat es gut getan, dass sie mich so behandelt haben, als wäre ich nicht krank. Das hat mir geholfen, ein wenig zufriedener zu sein und mich mit der Situation zu versöhnen. Eine Woche später wollte ich auf den Hometrainer und durfte nicht. Dann musste ich unterschreiben, dass ich das auf eigene Verantwortung tue. Ich bin dann auf das Gerät gestiegen, habe eine Stunde lang trainiert und festgestellt, dass es läuft. Zwei Monate nach der Diagnose startete ich bei Junioren-Europameisterschaft in Kroatien. Mittelerfolgreich. Aber für mich war der Erfolg, dass ich dabei war.

Die wichtigste Erkenntnis aus all meinen Rückschlägen ist: Dinge, die ich nicht umkehren kann, muss ich akzeptieren. Wenn ich etwas ändern kann, muss ich es tun. Wenn ich es aber nicht kann, wenn etwas unumkehrbar ist, dann muss ich das akzeptieren: Typ 1 Diabetes, der Tod meines Trainers, später der Tod meiner ersten Frau ... und immer blieb die Frage nach dem *Warum*. Doch es gibt keine Antwort darauf.

Das stimmt. Für einige schmerzhafte Ereignisse im Leben gibt es keine Antworten.

Auch Gott gibt keine Antwort. Und auf das *Warum* schon gar nicht. Deswegen darf man sich die Frage gar nicht stellen.

Sie sind bei den Olympischen Spielen in Peking Olympiasieger wurden. Würden Sie sagen, dass das Ihr größter Erfolg war?

Sportlich definitiv ja, weil die Dinge, die danach passiert sind, alle nur durch diesen Sieg geschehen sind. Aber im Endeffekt ist das ganze Leben ein geschlossener Erfolg. Denn der Sieg in Peking war ja nur ein Tag.

Es war ja ein sehr emotionaler Moment, weil Sie den Sieg Ihrer verstorbenen Frau Susann gewidmet haben. Wie emotional war dieser Moment für Sie?

Mein Gefühl war ein anderes. Natürlich war die Wirkung nach außen sehr fokussiert auf meine Frau – durch das Bild. Für mich war das Bild schon das gesamte Jahr hindurch mein Begleiter. Ich hatte es extra in einen Plastikrahmen setzen lassen, der nicht kaputt gehen konnte. So konnte ich es überall im Trainingslager dabei haben. Es war eine Zeit, in der es noch keine Smartphones gab. Das ging da gerade erst los. Ich hatte das Bild schon bei der Europameisterschaft vier Monate zuvor dabei. Da bin ich Europameister geworden und das war auch eine Liveübertragung im Fernsehen. Dort hatte das Bild aber niemanden interessiert. Ich hatte es einfach immer dabei, weil es meine Art der Verarbeitung war.

In Peking habe ich überhaupt nicht damit gerechnet, dass das Bild so viel Wirbel auslösen würde, denn für mich gehörte es einfach dazu.

Ein liebgewonnenes Ritual ...

Ja. Und in Peking hat es die Öffentlichkeit mitbekommen. Mein Gefühl war deswegen ein anderes, weil sich über die Jahre hinweg ein Druck aufgebaut hatte, den ich nicht bemerkt habe. Ich kann damit sehr gut umgehen. Wenn ich eine drucklose Situation habe, bin ich nur Durchschnitt. Wenn Druck entsteht, bin ich gut. Es muss eng werden. Am besten noch mit dem Rücken zur Wand, dann fühle ich mich wohl. Obwohl es keine schöne Situation ist, kann ich erst dann meine Reserven wecken. Und das war so eine Situation. Auf einmal kam die Chance, dass ich Olympiasieger werden konnte. Der Wettkampf lief durchwachsen – anfangs gut, dann nicht mehr so gut. Es war ein ständiges Auf und Ab. In der zweiten Hälfte bin ich ganz schlecht eingestiegen ... mit einem ungültigen Versuch. Mein Trainer war völlig perplex und wusste in diesem Moment nicht, was er machen sollte. Erst, als ich dann im dritten Versuch Olympiasieger wurde, hat sich der Druck entladen. Als ich die Hantel auf den Boden legte, war es, als würde ich Ketten, die um meinen Körper gelegt waren, sprengen. Erst da habe ich gemerkt, was für einen Druck ich über so lange Zeit hatte. Dieser Druck war jetzt völlig weg. Das war das allererste Gefühl. Dann ging alles so schnell, wir mussten zur Siegerehrung, der Dopingkontrolleur brachte zusätzlich Hektik rein, weil ich zur Kontrolle sollte und so konnte ich gerade noch meinem Physiotherapeuten zurufen: »Hol bitte das Bild aus der Tasche«, denn ich konnte nicht mehr zurückgehen. Er hat es dann schnell geholt und dann bin ich rauf und stand da. Das war aber immer noch nicht das Bild, das Sie kennen. Die Siegerehrung war vorbei. Die Zweit- und Drittplatzierten verließen das Podium, und ich wollte auch gehen. Aber dann standen unten die Fotografen und schrien, dass ich nach vorn kommen sollte. Ich hatte einen Blumenstrauß in der Hand, die Medaille und das Foto und ich lachte. Dann haben die Fotografen wild in alle Richtungen gestikuliert, bis ich kapiert habe, sie wollen vor allem das Foto mit Susann drauf haben. Dass dann so ein Bild entsteht – es wurde Foto des Jahres – war mir in diesem Augenblick nicht bewusst. Aber die Fotografen unten haben es gesehen. Die wussten auch schon, was passiert. Für mich war das in diesem Moment nicht klar. Ich war vollkommen überfordert. Dann war es nach zwei Minuten vorbei und ich musste zur Pressekonferenz und zur Dopingkontrolle.

Der erste Schockmoment war, als ich morgens um sechs Uhr ins olympische Dorf kam. Das Gewichtheben hat ja den Reiz, dass man den »stärksten Mann der Welt« kürt. Du hast im Einhundert-Meter-Lauf den »schnellsten Mann der Welt«, und so ist es eben auch beim Gewichtheben, da gibt es den stärksten Mann der Welt. Und dann komme ich daher, so ein Hundertfünfzig-Kilo-Paket, und jeder will mich umarmen und knuddeln. Ich war danach vollkommen leer und fertig. Im Dorf lag die China Daily aus, die größte fremdsprachige chinesische Tageszeitung. Auf dem Titel war mein Kopf – ein riesiger Schädel. Und so habe ich peu à peu gemerkt, was da eigentlich passiert war. Das letzte Interview vor meiner Abreise nach Deutschland habe ich auf der chinesischen Mauer gemacht. Das war gigantisch. Ich hatte diese Situation und das, was daraus geworden ist, nie im Griff. Für mich war eigentlich klar, dass das nach zwei Wochen vorbei sein würde. Aber es kam anders.

Wie schwierig war es für Sie, den Verlust Ihrer Frau, die bei einem Verkehrsunfall ums Leben kam, zu verarbeiten?

Das Problem ist, dass es aus heiterem Himmel kam. Meine Frau hat zu diesem Zeitpunkt studiert und hat ein Praktikum bei mir in Heidelberg gemacht. Sie war in einer Branche, in der sie europaweit unterwegs sein sollte. Bei uns hat immer der gekocht, der zuerst nach dem Training oder dem Job zu Hause war. Und weil ich früher dran war, hab ich angefangen zu kochen. Plötzlich bekam ich einen Anruf von der Polizei. »Ihre Frau hatte einen Unfall«, haben sie mir gesagt. Sie hätten ihre Sachen durchsucht ... und da wurde mir schon flau im Magen. *Sachen durchsucht* heißt ja, dass sie nicht ansprechbar war. Ja, aber es sei alles nicht so wild, sagten die Polizisten. »Kommen Sie ins Krankenhaus.« Dann bin ich in die Unfallchirurgie gerast, und als ich aus dem Fahrstuhl kam, sah ich Blutspuren auf dem Boden des Krankenhausflurs. Mein mulmiges Gefühl verstärkte sich. Dann musste ich warten, durfte nicht zu ihr. Langsam hat sich mein Hals zugeschnürt. Sie wurde lange operiert und ich wartete und wartete. Die Polizisten waren völlig überfordert. Sie wussten nicht, wie sie mir beibringen sollten, dass es schlimmer war. Die wollten mich einfach nur beruhigen. Dann kam ein Arzt aus dem OP und sagte zu mir: »Die Chancen stehen fünfzig zu fünfzig.« »Wie, fünfzig zu fünfzig?«, habe ich dann gefragt und wollte wissen: »Und jetzt?« »Jetzt müssen wir die nächsten Stunden abwarten und noch können Sie nicht zu ihr. Sie wird noch operiert.« »Soll ich irgendwas holen?«, habe ich ihn gefragt. »Ja, fahren Sie ruhig nach Hause und holen Sie ein paar Sachen.« Ich bin dann sofort los und hab alles eingepackt. Auch ihr Lieblingsstofftier. Immer noch war ich im *Fünfzig-Prozent-Positiv-Modus* und habe funktioniert. Plötzlich rief das Krankenhaus an und sagte: »Kommen Sie schnell!« Da bin ich dann zusammengesackt, hab meinen Trainer angerufen und ihm gesagt: »Komm schnell, ich kann nicht mehr fahren.«

Mein Trainer kam und hat mich ins Krankenhaus gefahren. Unterwegs habe ich dann gegen die Autotür geschlagen. Die Wut und die Fassungslosigkeit musste ich irgendwie loswerden. Da bin ich dann kein ruhiger Mensch, wenn solche Emotionen hochkommen. Dann hatte ich aber das Glück, dass ich sie noch lebend angetroffen habe. Sie hatten die schlimmen Verletzungen abgedeckt, so dass ich ihr schönes Gesicht gesehen habe. Aber an so einem Krankenbett sieht man ja auch die ganzen Blutkonserven, die Geräte ... Der schlimmste Moment war dann der, als der berüchtigte Dauerton kam und der Arzt sagte: »Ihre Frau ist jetzt tot.« Wenn mich nicht jemand zurückgehalten hätte, hätte ich vermutlich alles kurz und klein geschlagen. Ich hatte so eine Wut in mir drin. Ich war fassungslos und habe auf alles total empfindlich reagiert. Das kann man gar nicht beschreiben. Ich habe in diesem Moment für keinen Menschen etwas Gutes empfunden. Ich hatte so eine Wut auf jeden, der damit zu tun hatte. An meine erste Nacht zu Hause kann ich mich nicht mehr erinnern.

Nur daran, dass ich mich in dieser Zeit an ihrem Geruch festgehalten habe, erinnere ich mich noch. Sie war ja optisch nicht mehr da. Und Bilder sind ja nur Bilder. Aber der Geruch war echt. Der Geruch, der noch in dem getragenen Pullover war. Am nächsten Tag musste ich in die Gerichtsmedizin, weil es ein Unfall war. Ich musste entscheiden, ob ich einer Organspende zustimmen würde (es ging um die Netzhaut). Mit vierundzwanzig Jahren musste ich entscheiden, ob oder ob nicht. Das war nicht leicht. Inzwischen setze ich mich für den Organspendeausweis ein.

Auf dem Ausweis kann man ankreuzen, ob Ja oder Nein.

So ist es. Das ist für mich die wichtigste Aussage. Ich bin natürlich dafür. Aber ich möchte das niemanden vorschreiben. Nur so viel: Beschäftigt euch eine Stunde lang damit, schlaft eine Nacht darüber, und trefft eine Entscheidung im gesunden Zustand, damit nicht ein Angehöriger in einer Ausnahmesituation entscheiden muss.

Aber zurück zu der Situation: Die Frau, die mich wegen der Organspende gefragt hat, war mir natürlich in dem Moment unsympathisch. In solch einer Situation funktioniert man nur noch. Und dann kam die Beerdigung. Das war das nächste Problem: Die Mutter meiner Frau lebte so weit entfernt. So musste ich in den Stunden, in denen meine Frau starb, allein entscheiden, was ich mache. Ich hab sie dann angerufen und ihr gesagt, dass sie nicht kommen muss. Es machte keinen Sinn. Es war besser, dass sie ihre Tochter aufgebahrt bei der Beerdigung sieht, als in ihrem Zustand im Krankenhaus. Da haben sie sie richtig schön geschminkt und schön hergerichtet. Ich wollte ihr einfach das Bild ersparen. Denn dieses Bild geht einem nicht mehr aus dem Kopf.

Ich habe in den ersten Tagen gar nichts gegessen. In einer Woche habe ich zehn Kilo abgenommen. Irgendwann habe ich meine Familie rausgeschmissen und wollte einfach nur allein sein. Mein Trainer hat dann irgendwann mit meiner Lieblingspizza geklingelt und gesagt: »Iss mal was! Wir haben nächstes Jahr Wettkämpfe. Und ich akzeptiere alle Antworten – Ja oder Nein. Nur, wir müssen jetzt langsam anfangen. Wenn du weitermachen möchtest, dann komm allmählich rüber ins Trainingscenter. Und wenn nicht, sagst du mir, *Du, ich kann nicht mehr!*« Und ich kam dann rüber ...

Was hat Ihnen durch den Trauerprozess geholfen?

Mir hat geholfen, dass mich jemand gebraucht hat.

Und dass Sie ein Ziel hatten?

Das Ziel ist das Eine. Denn in dem Moment war Olympia gleichgültig. Das war doch egal, ob ich bei Olympia dabei bin oder nicht. Es spielte keine Rolle mehr. Es war nicht mehr wichtig. Aber das Gefühl, gebraucht zu werden, war wichtig. Man muss sich etwas suchen, wo man gebraucht wird. Das muss nicht Olympia sein. Die Verarbeitung hat ja erst einmal nicht stattgefunden, denn ich bin nach dem Training jeden Abend hundemüde ins Bett gefallen. Da kann man nicht mehr nachdenken. In diesem Jahr war das Beste, was mir passieren konnte, dass ich dieses große Ziel und dieses wahnsinnige Training vor mir hatte.

Haben Sie je eine Therapie oder eine Trauerbegleitung in Anspruch genommen?

Die richtige Therapie hat nach dem Olympiasieg begonnen, als mich jeder Journalist zu meiner verstorbenen Frau gefragt hat. Immer und immer wieder. Das war wie eine Gesprächstherapie für mich. Ich habe deshalb nie psychologische Hilfe in Anspruch genommen. Manchmal waren es auch sehr plumpe Fragen, wenn es schnell gehen musste. Aber manchmal waren es auch sehr tiefgehende Gespräche mit sehr gut gestellten Fragen. Und da habe ich eben erzählt. Die Interviews erschienen im Fernsehen, im Radio, in Zeitungen und Zeitschriften. Daraufhin bekam ich von Fans, Zuschauern, Hörern und Lesern viele Zuschriften, die mir gutgetan haben. Das ging körbeweise bei uns ein. Das waren nicht nur Sportfans, und das geht eigentlich in etwas abgespeckter Form bis heute weiter.

Wie haben Sie den Prozess gegen den Unfallverursacher erlebt und hat er sich irgendwann bei Ihnen entschuldigt?

Nein, nicht direkt. Der Prozess war leider Gottes erst ein Jahr später. Da waren keine schönen Momente dabei. Der Unfallverursacher war ein sechzigjähriger Mann, bei dem man eigentlich glaubt, dass er Lebenserfahrung hat. Er hat auch nie selbst gesprochen, nur sein Anwalt. Die Verteidigung hat dann Schlafapnoe ins Feld geführt. Aber dann dürfte er sowieso kein Auto mehr fahren.

Es gab auch widersprüchliche Zeugenaussagen. Die Rettungssanitäter, die vor Ort waren, haben ausgesagt, dass er ansprechbar war. Der Polizist hingegen hat ausgesagt, dass er nicht ansprechbar war, hatte aber gar nicht mit ihm gesprochen.

Ist er am Ende schuldig gesprochen worden?

Nein. Er hat nur zehn Monate Führerscheinentzug auf Bewährung bekommen. Das war ein Witz.

Hatten Sie nach dem Prozess noch Kontakt mit ihm?

Nein. Es kam irgendwann ein Brief von ihm, der sehr oberflächlich dahingeschrieben war. Als Entschuldigung konnte man das gar nicht werten. Ein Gespräch wäre sicherlich hilfreich gewesen. Aber all das macht meine Frau auch nicht mehr lebendig. Es ging mir hier um eine menschliche Geste. Wenn das ein Achtzehnjähriger gemacht hätte, hätte ich das vielleicht noch verstanden. Aber ein Mann in dem Alter?

Seit dem Prozess damals weiß ich, dass es Situationen gibt, in denen unser Rechtsstaat versagt. Das erleben auch andere Menschen, die dann eine gewisse Bitterkeit davontragen.

Konnten Sie dem Verursacher in der Zwischenzeit vergeben?

Ich habe nie ein Problem damit gehabt, dass es passiert ist – weil es mir und jedem genauso passieren kann, dass man einen Unfall baut. Das war von meiner Seite sehr schnell vergeben. Mir tut der Verursacher eigentlich leid, weil er nicht in der Lage ist, sich menschlich dazu zu äußern und mit mir zu sprechen. Vielleicht hätte ich es in dem Moment auch nicht besser gemacht. Aber im Nachhinein ...

Es wäre zumindest eine Geste gewesen, die einem hilft, es zu verarbeiten. Ich buche das unter *Erfahrung* ab, wie Menschen eben sein können.

2013 haben Sie sich aus dem Profisport zurückgezogen. Was gab den Ausschlag für diese Entscheidung?

Das war mein biologisches Alter. Mit Anfang dreißig gehört man im Gewichtheben zum älteren Eisen.

Heute sind Sie auch als Motivationsredner aktiv. Was motiviert Sie?

Anfangs habe ich es gar nicht so sehr aktiv getan. Es kamen damals wie heute Anfragen. Meist von größeren Konzernen und von Firmen, die sich neu motivieren wollen. Natürlich kann ich meine Erfahrungen weitergeben und weiß, dass ich jedes Mal vor neuen Menschen stehe. Aber ich will ja selbst auch etwas Neues machen. Und da habe ich dann das Thema *Ernährung und Bewegung* für mich entdeckt. Abnehmen war für mich eigentlich nicht so schwierig, weil ich wusste, was ich tue. Ich habe ein normales Alltagskonzept kreiert, daraus sind zwei Bücher und ein gleichnamiges Online-Programm entstanden (www.steinerprinzip.com). Bald komme ich auch mit eigenen Low Carb-Broten auf den Markt. Das macht großen Spaß. Egal, wo ich Lesungen halte: Es geht kaum jemand raus und sagt: »Das war jetzt völliger Blödsinn und das hat mich nicht interessiert.« Manche gehen raus und sagen: »Das wusste ich eh schon! Dann mache ich alles richtig.« Aber es geht wirklich ein Großteil raus und sagt: »Mensch, da habe ich jetzt etwas mitgenommen.« Und jeder hat etwas anderes für sich mitgenommen. Das ist total erfüllend.

Glauben Sie an Gott?

Ich wusste, dass diese Frage kommt. Eigentlich müsste ich sie mit einem klaren Ja oder Nein beantworten. Früher habe ich an Gott geglaubt und fand es als Kind und Ministrant auch sehr spannend, hatte mir ein sehr schönes Kopfkino ausgemalt mit Jerusalem und Bethlehem. Die erste Ernüchterung kam, als ich 1996 in Jerusalem war und dort festgestellt habe, dass alles anders aussieht als in meinem Kopf – vom Ölberg angefangen bis hin zum Felsendom. Mit der Zeit habe ich festgestellt, dass die Kirche stark stehen bleibt. Und ich finde auch, dass das Bild, das von Gott gezeichnet wird, ihm überhaupt nicht mehr gerecht wird. Das hat früher funktioniert, als die Menschen noch nicht so aufgeklärt waren. Das müsste man heute anders formulieren. Was ich mir nicht vorstellen kann, ist, dass da oben einer sitzt, der sieben Milliarden Menschen steuert. Deshalb müsste ich die Frage heute mit einem Nein beantworten. Ich hoffe zwar, dass es einen Gott gibt, aber ich kann es mir nicht so recht vorstellen.

Glauben Sie an ein Leben nach dem Tod?

Was ich mir wieder nicht vorstellen kann, ist, dass wir nur ein einziges Mal für vierzig, fünfzig oder neunzig Jahre auf die Welt kommen und dann war es das. Irgendwie gefällt mir der Gedanke der Reinkarnation. Das hat etwas Befriedigendes. Und dass es ein Paradies gibt, wo alles gut ist, ist für mich zu schön, um wahr zu sein.

Was möchten Sie in Ihrem Leben noch erreichen?

Ich habe mir nie so ehrgeizige Ziele gesetzt, dass das Leben keinen Sinn mehr gemacht hätte, wenn ich sie nicht erreiche. Manchmal frage ich mich schon, was noch alles kommen soll – denn ich bin ja erst siebenunddreißig. Das Problem ist, dass ich meinen Zenit schon mit sechsundzwanzig hatte. Das ist – so schön es war – eigentlich ein bisschen hart. Das war mir damals schon klar. Vielleicht kommt ja irgendwann noch einmal ein zweiter Zenit, aber das ist eher unrealistisch. Jetzt muss man sich die Ziele anders setzen. Ich möchte so lange wie möglich gesund sein, auf meinen Körper achten und für meine Familie da sein. Ich möchte meine Kinder aufwachsen sehen. Kinder zu erziehen ist eigentlich ganz einfach, wenn nicht das ganze Umfeld wäre.

Bei der Kindererziehung spielt ja auch die Vermittlung von Werten eine Rolle. Welche Werte vermitteln Sie Ihren Kindern?

Die Wertevermittlung erlebt leider einen zunehmenden Verlust. Wir sagen: »Wir melden uns!« – und melden uns doch nicht. Die Zeiten haben sich geändert. Es darf einfach nicht sein, dass alles nur noch oberflächlich und unverbindlich wird. Es muss Verbindlichkeiten geben. Ich möchte meinen Kindern beibringen, dass jeder seine Aufgabe zu Hause hat. Dass es wichtig ist, beim Essen sitzen zu bleiben und nicht mit einer Semmel herumzulaufen, mit dem Smartphone in der Hand und Nachrichten zu tippen. Inzwischen haben wir Smartphones komplett vom Esstisch verbannt. Und ich finde es wichtig, Kindern zu zeigen, dass einem im Leben nicht einfach alles zufällt.

Was würden Sie jungen Menschen, die eine Karriere im Profisport machen möchten, mit auf den Weg geben?

Sie sollten diese Karriere nur dann anstreben, wenn sie das wirklich wollen. Wenn der innere Wille da ist. Und wenn man das will, weiß man schon instinktiv, was man tut. Da braucht man nicht viele Ratschläge. Man sollte ehrlich zu sich selbst sein und sich fragen: »Will ich das wirklich?«

Was ist es, das für Sie wirklich zählt im Leben?

Das Zusammensein mit anderen Menschen. Ich bin ganz gern mal allein. Das ist auch eine Fähigkeit, die wir immer mehr verlieren. Wir haben uns ganz bewusst gegen die Großstadt und für die Familie und die Großeltern entschieden. Wir sind aufs Land gezogen, in einen Ort mit 800 Einwohnern und haben dort ein soziales Umfeld, das noch intakt ist. Die Dorfgemeinschaft kommt zusammen, man trifft sich auch mal privat auf ein Bier. Die Zwischenmenschlichkeit zählt für mich im Leben.

Herr Steiner, ich danke Ihnen herzlich für dieses Gespräch!

Matthias Steiner

Matthias Steiner wurde im August 1982 in Wien geboren. Er wuchs in Obersulz in der niederösterreichischen Gemeinde Sulz im Weinviertel auf. Dort begann er als Jugendlicher mit dem Gewichtheben. An seinem achtzehnten Geburtstag wurde bei ihm Diabetes mellitus Typ 1 diagnostiziert. 2004 lernte Steiner seine spätere Frau Susann kennen, die im Juli 2007 tödlich verunglückte. Nach seiner Einbürgerung in Deutschland wurde er 2008 im Superschwergewicht über 105 Kilogramm Olympiasieger und Europameister sowie 2010 Weltmeister. Nach dem Ende seiner Gewichtheberkarriere im Jahre 2013 gründete er sein eigenes Unternehmen, die Steinertainment GmbH. Aktuell ist er als Fitness- und Ernährungscoach tätig, schreibt Bücher über Ernährung und Bewegung und hält Vorträge[9]. Steiner ist verheiratet, hat zwei Söhne und lebt in Sulz im Weinviertel (Österreich).

---

9 https://de.wikipedia.org/wiki/Matthias_Steiner

Panagiota Petridou, © Liborio Cappello Photography

»Wenn du scheiterst, lern was draus!«

Ein Gespräch mit Panagiota Petridou über positives Denken und warum es sich lohnt, sich durchzuboxen

Ende 2019 sprach ich mit Panagiota Petridou. Das Erste, das mir auffiel, war ihre positive, zupackende Art. Sie vermittelte mir als ihrer Gesprächspartnerin sofort das Gefühl, dass nichts im Leben unmöglich ist. Alles kann man erreichen, wenn man nur an sich und sein Ziel glaubt. Selten habe ich einen Menschen kennengelernt, der optimistischer und lösungsorientierter denkt als Panagiota. Als ich unser Interview nach Monaten wieder las, wurde mir bewusst, warum es so lange bei mir »verschollen« war. Damals hatten wir auch über den Tod ihres geliebten Vaters gesprochen – für Panagiota ein Schnitt, eine Zäsur in ihrem Leben, die nicht nur Spuren in ihrer beruflichen Entwicklung hinterlassen sollte, sondern vor allem einen tiefen Riss in ihrem Herzen. Wie tief dieser Riss war, wusste ich nun, da auch mein Vater mittlerweile verstorben war. Es ist ein Riss, der für immer bleiben wird. Nichts kann ihn schließen, nichts kann ihn wieder nähen oder jemals wieder verheilen lassen. Es ist, als ob ein Teil der Seele für immer mit fortgegangen ist – an einen anderen Ort. Mir fiel das Zitat von Sokrates ein, über das wir damals gesprochen hatten. Für den Philosophen gab es zwei Möglichkeiten: Entweder den Tod als einen »schlaflosen Traum« zu betrachten, oder aber als »Umzug der Seele … an einen anderen Ort«. Warum also Angst haben? Schließlich wäre der Tod als »traumloser Schlaf« ein wunderbarer Gewinn. Und gibt es etwas Schöneres als die Hoffnung, dass die Seele ihr neues Zuhause an einem besseren Ort findet?

Doch bevor wir uns später ausführlicher mit diesem Thema beschäftigen, möchte ich die Geschichte von Anfang an erzählen. Panagiotas Eltern emigrierten in den 1960er-Jahren aus Griechenland. Gewiss war es nicht einfach für sie, sich hier in ihrer neuen Heimat zurechtzufinden. Wie schwer es wirklich war, erzählte Panagiota zu Beginn unseres Gespräches:

Meine Eltern sind in den Sechzigern gekommen. Sie hatten eines der Flugblätter entdeckt, die es überall in Griechenland gab, und darin gelesen, dass in Deutschland Arbeiter gesucht werden. Griechenland befand sich damals in einer Krise; es gab keine Jobs, die Not war groß. Als sie in Deutschland ankamen, hatten beide nur einen Koffer dabei, der alles beherbergte, was sie aus ihrer Heimat mitgenommen hatten. Meine Mutter erzählte mir, dass man ihr nicht gesagt hätte, dass es in Deutschland so kalt sei. So hatte sie noch nicht einmal eine dicke Jacke eingepackt, schließlich gab es ja in Griechenland nie kalte Winter. Nur einige Tage später hatten beide ihren ersten Job. Mein Vater hat in einer Fabrik angefangen, meine Mutter eine Putzstelle angenommen. Es gab damals noch keine Sprachkurse, und so mussten sie sich die fremde und für sie schwierige Sprache selbst beibringen. Mein Vater erzählte, dass er einmal in einer Fabrik war, und sein Kollege gesagt hätte: »Guck mal, Nico, draußen keine Regen, anderes Material!« Das war das erste Mal, dass er in seinem Leben Schnee gesehen hatte. Und da der Kollege das Wort für »Schnee« nicht kannte, hat er es mit »Material« umschrieben. Später konnte mein Vater auch fließend Türkisch, weil alle Ausländer zuerst ihre Sprachen untereinander lernten.

Das heißt, sie sind gut aufgenommen und auch schnell integriert worden?

Ja. Meine Mutter hat immer gesagt: »Ich war bis zur Rente nicht einen Tag arbeitslos.« Es war für sie die richtige Entscheidung gewesen, nach Deutschland zu kommen.

Nach Ihrem Abitur haben Sie eine kaufmännische Ausbildung absolviert. Wann haben Sie Ihre Leidenschaft fürs Verkaufen von Autos entdeckt?

Die Leidenschaft fürs Verkaufen habe ich ganz früh entdeckt. Sie wurde mir fast in die Wiege gelegt. Meine Eltern hatten später eine Kneipe, und in dieser Kneipe bin ich aufgewachsen. Ich war gerade neun Monate alt, als sich meine Eltern selbstständig machten. Und dann bin ich in dieser Kneipe groß geworden. Meine Mutter hat mit jedem Gast anders gesprochen, Fragen gestellt, wie es seiner Mutter und dem Vater geht und was der Chef macht. Da konnte ich beobachten, wie Empathie entsteht – dass es wichtig ist, dass man den Menschen zuhört, und dass jeder das Bedürfnis hat, zu kommunizieren. Man kann über Menschen viel erfahren, wenn man ihnen Fragen stellt und einfach nur zuhört. Und im Verkauf gehts um nichts anderes, als darum, eine Beziehung aufzubauen, überzeugend rüberzukommen und authentisch zu sein. Und das konnte meine Mutter.

Ich habe gelesen, dass Sie bei »Mini« arbeiten. Wie sind Sie dazu gekommen?

Es war eine Wette, die mich dorthin gebracht hat. Ein Freund hatte eine Anzeige im Internet gesehen, in der stand: »Mini sucht außergewöhnliche Verkäufer«. Und ich sagte: »Cool, Mensch, die suchen mich!« Leider hatte ich bis dato kein glückliches Händchen mit Autos gehabt, denn beide Fahrzeuge, die ich besaß, waren irgendwann mit Motorschaden ausgefallen, weil ich vergessen hatte, Öl nachzufüllen. Und dann hat mein Freund gesagt: »Ausgerechnet du und Autos! Das wird niemals funktionieren.« Ich hatte wirklich null Affinität zu Autos. Sie hatten mich einfach nie interessiert. Es war nur die Wette, die mich motiviert hat. Und vielleicht habe ich mich auch nur beworben, weil er sagte: »Das klappt nie!« Vielleicht wollte ich ihm einfach beweisen, dass ich es doch kann. Nur um zu zeigen, dass wir Frauen alles hinbekommen, was wir wollen. Und dann hab ich tatsächlich den Job bekommen.

Toll!

Können Sie sich noch daran erinnern, wie das war, als Sie Ihr erstes Auto verkauften?

Natürlich! Das erste Auto vergisst du nie. Das ist wie der erste Freund. Es war in meiner ersten Woche. Da habe ich ein Auto an die Schwester eines Freundes verkauft. Ich war sehr aufgeregt, weil ich mich mit der ganzen EDV nicht auskannte. Ich wusste nicht, was ein Leasing ist, wie man das zusammenrechnet oder wie sich die Rate genau zusammensetzt. Es sind natürlich auch technische Fragen gekommen, die ich nicht beantworten konnte. Beispielsweise, welche Winterreifen passen, welches Schiebedach man nimmt oder welches Leder. Ich wusste damals noch nicht einmal, dass es verschiedene Lederarten gibt. Ich hatte bis dato nie Autos mit Ledersitzen gehabt. Meine beiden Autos waren solche Gurken mit Stoffsitzen gewesen, und ich freute mich, wenn der Wagen morgens ansprang. Und auf einmal hatte ich so exklusive Fahrzeuge, die eine unglaubliche Ausstattungsvielfalt hatten. Da war es sehr schwierig, das Ganze abzuwickeln. Die Unterschrift selbst habe ich aber schnell bekommen.

Und die Kundin war geduldig?

Ja, sie hat sehr viel gelacht. Ich weiß noch, dass ihr Vater zu mir gesagt hat: »Du weißt ja gar nichts über Autos.« Und ich hab ihm zugestimmt: »Ja, ehrlich gesagt nichts.« Und obwohl ich erwartet hätte, dass er jetzt vielleicht ein bisschen ärgerlich wird, hat er gelassen entgegnet: »Das ist nicht schlimm. Du machst das ganz süß!« Bis heute bin ich kein Verkäufertyp, der über Technik verkauft. Ich öffne keine Motorhaube und erkläre auch nicht, wie ein Zylinder funktioniert. Und ich habe die Erfahrung gemacht: Es interessiert auch keinen. Was Kunden interessiert, ist, ob sie eine nette, kompetente Ansprechpartnerin haben, der sie vertrauen können, und ob die später nach dem Kauf des Autos immer noch für sie da ist. Und da bin ich wie eine Mauer. Ich stehe da, fest und unerschütterlich, und verlasse niemanden.

In Ihrem Beruf haben Sie mit verschiedenen Käufer-Persönlichkeiten zu tun. Gibt es eine Begebenheit an die Sie sich besonders gerne erinnern?

Oh ja! Ich kann mich noch gut erinnern, dass wir ein meergrünes Auto hatten. Das war eine Farbe, die überhaupt nicht lief. Und dieses Auto hatte auch noch meergrüne Sitze. Der Wagen stand und stand. Er hatte bei uns schon zweimal Geburtstag gefeiert. Und jeder hatte geglaubt, dass wir ihn wahrscheinlich irgendwann verschrotten, weil er so hässlich war. Aber tatsächlich habe ich die Erfahrung gemacht: Es gibt gar keine Autos, die hässlich sind und sich nicht verkaufen lassen. Vielmehr gibt es immer nur einen Kunden, der zu einem Auto passt. Du musst ihn nur finden! Irgendwann spazierte ein netter junger Pole herein und ging schnurstracks auf den Wagen zu. Er setzte sich hinein. Ich ging ungläubig staunend zu ihm hin und sagte: »Mensch, was machen Sie denn da drin?«, während er verliebt über das hellgrüne Interieur strich. Er antwortete: »So ein Auto habe ich mir mein ganzes Leben lang gewünscht!« Er war so glücklich und fragte mich plötzlich versonnen: »Finden Sie nicht auch, dass diese Farbe besonders toll ist?« »Natürlich«, schoss es aus mir heraus. »Jetzt, wo Sie es sagen, gefällt sie mir auch.« Wir haben beide herzlich gelacht. Als er das Auto bezahlte, hatte er einen riesigen Strumpf dabei, in dem sein gesamtes Erspartes war. Er erzählte mir, dass er sein Leben lang gespart hätte, weil er sich einmal einen grünen BMW kaufen wollte. Das war so ein schönes Erlebnis für mich. Wenn ich daran denke, bekomme ich immer noch Gänsehaut. Er war so glücklich, als er dieses Auto gekauft hat, dass er den Wagen mit Tränen in den Augen übernommen hat.

Es gibt ja in Ihrem Beruf zweifelsohne nicht nur nette Kunden, sondern auch sehr schwierige, an denen man schier verzweifelt. Haben Sie eine solche Situation schon erlebt?

Wenn man fünfzehn Jahre lang Autos verkauft, bekommt man sehr viel von Menschen mit. Man begleitet sie meist über viele Jahre. Man erlebt mit ihnen einschneidende Dinge wie Scheidungen, dass Kinder kommen oder, wenn sie erwachsen sind, ausziehen, und dass Geliebte kommen. Ich hab natürlich schon einige skurrile Geschichten erlebt. So hatte beispielsweise ein Mann bei mir zwei Autos gekauft: eines für seine Ehefrau und eines für seine Geliebte. Und er war mit beiden da. An einem Tag mit seiner Frau und an einem anderen mit seiner Geliebten. Das war alles andere als einfach. Denn als Verkäufer man muss integer bleiben und sich konzentrieren, um nur ja nichts Falsches zu sagen. Es darf einem also nicht etwa rausrutschen: »Ach, Sie waren doch letzten Mittwoch schon mal mit der Blondine da.« Und man muss aufpassen, wenn man eine E-Mail-Adresse vorliest. Ein anderer Kunde war mit seinem Lebensgefährten da und ich fragte ihn: »Soll ich Ihnen alles an Gustav.Gans@yahoo schicken?« Und dann fragte sein Partner plötzlich ganz perplex: »Was ist das denn für eine E-Mail-Adresse? Die kenne ich gar nicht!« Dann ruhig zu bleiben, ist nicht leicht. Man muss ein sehr gutes Gedächtnis haben und kann sich nicht erlauben, irgendetwas auszuplaudern. Leider habe ich die Erfahrung gemacht, dass Menschen nicht ehrlich sind. Ich habe oft Kundinnen, die mich einen Tag vor dem gemeinsamen Termin mit ihrem Ehemann anrufen und sagen: »Wenn ich morgen mit meinem Mann da bin und Sie mich nach meinem Gehalt fragen, muss ich Ihnen einen anderen Betrag nennen. Heute gebe ich Ihnen mein richtiges Gehalt durch. Aber wenn

Sie mich morgen fragen, werde ich Ihnen ein niedrigeres Gehalt sagen, denn ich möchte nicht, dass mein Mann weiß, wie viel ich verdiene.« Wir reden hier von einem Unterschied von 60.000 Euro Jahresgehalt. Die beiden waren zwanzig Jahre verheiratet und spielten nicht mit offenen Karten. In diesem Beruf schaut man immer wie durch ein Schlüsselloch ins Leben von Menschen und entdeckt Dinge, die den meisten verborgen bleiben und die man besser nicht wüsste. Und noch etwas habe ich gelernt: Je vermeintlich seriöser sie wirken und je höher ihr Status ist, umso größer ist ihre Affinität zum Illegalen, zum Verdecken und Vertuschen et cetera. Man mag das gar nicht glauben. Der kleine Mann von der Straße um die Ecke ist gar nicht so abgebrüht. In den hohen Etagen sitzen viele Psychopathen. Man fühlt sich oft ausgesaugt – allein von der Art, wie ein Manager mit einem spricht.

Trotzdem haben Sie Ihre gute Laune nie verloren. Wie schaffen Sie das? Waren Sie schon immer solch ein positiver Menschen?

Ich weiß das gar nicht. Ich glaube, ich hatte keine Wahl. Meine Mutter war immer eine Positivdenkerin, die mir das Selbstbewusstsein quasi eingeprügelt hat. Immer dann, wenn ich gezweifelt habe, hat sie mich gefragt: »Warum soll das nicht klappen?«, »Wieso hast du eigentlich Angst?« und »Ausgerechnet du! Du kannst doch alles!« Ich kann mich noch gut daran erinnern, dass ich als Kind zu meiner Mutter sagte: »Mama, morgen haben wir einen Vorlesewettbewerb und ich habe Angst!« Und sie fragte: »Warum? Wovor?« »Weiß ich nicht genau. Vielleicht davor, dass ich mich verspreche, dass ich mit einem Mikrofon vor der Klasse stehen muss und keinen so guten Platz belege.« Darauf entgegnete sie: »Kannst du lesen?« »Ja«, antwortete ich. »Hast du dich vorbereitet?« »Ja«. »Also, warum hast du dann Angst? Was kann passieren?« Ich überlegte: »Dass ich Zweite werde.« Wieder antwortete meine Mutter cool: »Na, dann bist du Zweite. Dann musst du üben und wirst das nächste Mal Erste.« Es waren plausible, einfache Dinge, die sie mir mitgegeben hat. Immer hat sie mich gefragt: »Warum solltest du scheitern? Es gibt keinen Grund dafür. Wenn du scheiterst, lern was draus!« Für sie war klar: Entweder du siegst oder du bist um eine Erfahrung reicher. Tatsächlich habe ich in diesem Vorlesewettbewerb den zweiten Platz belegt und später die Erstplatzierte gefragt: »Wie hast du gelernt, was hast du geübt?« »Ich hab Zeitungsartikel gelesen«, antwortete sie. Mir fiel es wie Schuppen von den Augen und ich sagte mir: »Mensch, Artikel hast du nie gelesen. Das musst du demnächst machen.« Und so habe ich die Niederlage positiv gesehen, weil ich an das dachte, was meine Mutter mir beigebracht hat: Entweder du siegst oder du lernst. Das ist eine gute Einstellung.

Ja!

Sie haben in einem Interview einmal etwas gesagt, das direkt daran anknüpft: »Ich lebe nach der Devise: ›Ein Nein hast du schon, ein Ja kannst du kriegen‹.« Erinnern Sie sich eine Situation, in der Sie doch ein Ja bekamen, obwohl Sie gar nicht mehr daran geglaubt haben?

Ich hatte als Kind eine Freundin. Sie war Einzelkind und besaß ganz viele Spielsachen. Wir hatten den ganzen Vormittag gespielt und irgendwann um die Mittagszeit – es duftete wundervoll nach Gulasch – öffnete ihre Mutter die Tür, kam ins Zimmer und sagte zu ihrer Tochter: »Isst du bitte Mittag, und Panagiota, gehst du bitte nach Hause?« Ich hatte einen Schock, wusste überhaupt nicht, wie mir geschah. Schließlich bin ich nach Hause getrottet und erzählte meiner Mutter: »Mama, stell dir vor, ich wurde nach Hause geschickt und durfte nicht mit meiner Freundin essen.« Und dann hat sie gesagt: »Das lässt du dir nicht gefallen! Das nächste Mal gehst du einfach hin und sagst, dass du mitisst.« Die ganze Nacht lag ich dann wach, weil ich dachte: *Wie kann ich morgen einfach sagen, dass ich mitesse, wenn sie mich weggeschickt?* Und am nächsten Tag war es die gleiche Situation. Wieder kam die Mutter rein und rief zum Mittagessen. Dann hab ich gesagt: »Nein, ich gehe nicht nach Hause. Ich esse heute mit Ihnen!« Sie schien verärgert und antwortete: »Nein, du kannst nicht mit uns essen, wir haben nicht genug gekocht.« Aber ich ließ nicht locker. »Doch«, beharrte ich, »das geht. Wenn jeder ein bisschen abgibt, esse ich einfach ein bisschen mit.« Sie hat sich ziemlich darüber echauffiert, wie ein siebenjähriges Kind ihr so etwas sagen konnte. Aber letztlich saß ich mit der Familie an einem Tisch und hab mit ihnen gegessen. Da war ich so stolz, weil ich die Erfahrung gemacht hatte: »Wenn du sagst, was du willst, wirst du niemals hungrig sein!«

Das ist eine sehr schöne Geschichte.

Haben Sie hin und wieder auch mal melancholische, depressive Phasen?

Ich neige gar nicht zur Depression. Ich habe viele Freunde, die das haben. Ich glaube, ich bin dafür nicht sensibel genug. Ich habe eine große mentale Stärke, aber Phasen, in denen ich wirklich mal depressiv war, hatte ich nie. In unserer Familie wäre dafür auch kein Platz gewesen. Ich erinnere mich noch, dass ich einmal Liebeskummer hatte und geweint habe. Dann kam meine Mutter ins Zimmer und fragte: »Was ist, warum weinst du?« Und ich sagte: »Na, das kennst du doch, Mama, wenn der Freund einen verlässt und nicht mehr liebt.« Sie antwortete: »Nein, das kenne ich nicht!« »Aber du kennst das doch«, erwiderte ich hartnäckig, »wenn der Papa mal nicht so nett war zu dir.« Und dann sagte sie: »Nein, das kenne ich nicht. Ich war in meinem ganzen Leben noch nie verliebt.« »Und was ist mit Papa?«, fragte ich erstaunt. »An deinen Papa habe ich mich gewöhnt. Liebe ist eine Teamarbeit!« Meine Mutter hatte immer für alles logische Erklärungen. Da gab es keine emotionalen Momente und keine tröstenden Worte wie: »Ach, du armes Mädchen, komm mal in meinen Arm und wein dich ruhig aus.« Es gab nur lösungsorientierte Ansätze. Meine Freunde haben später immer gesagt, wenn jemand Hilfe brauchte: »Ruf die Panagiota an, die gibt dir eine Gehirnwäsche.« Ich habe meine Freunde zwar nie lange getröstet, aber ich hatte immer Lösungsvorschläge. Auch wenn ich weiß, dass es manchmal ganz schön gewesen wäre, wenn ich sie mal in den Arm genommen hätte. Aber das war für mich immer sehr schwierig.

Bestimmt haben Sie in Ihrem Leben nicht nur viele Höhen, sondern auch einige Tiefen erlebt. Was war die schwierigste Situation, die Sie bislang gemeistert haben?

Das Allerschwierigste in meinem Leben war der Tod meines Vaters. Er hat einen tiefen Riss in meinem Herzen hinterlassen. Ich war damals achtzehn Jahre alt. Er saß schon zehn Jahre im Rollstuhl, weil ihm beide Beine als Raucherbein amputiert werden mussten. Das war eine ziemlich harte Geschichte für mich. Ich war kurz vor dem Abitur. Eigentlich wollte ich Schauspielerin werden, wollte auf eine Theaterschule gehen, Theaterwissenschaften studieren, weil ich schon immer auf eine Bühne wollte. Mein Papa hatte mich stets darin bestärkt: »Du kannst alles werden, was du möchtest. Wenn nicht du, wer dann?« Es war für meine Eltern ganz klar, dass ich meinen Weg mache. Und dann starb er. Rückblickend war das Schlimmste für mich, dass ich nicht in der Lage war, ihm zu sagen, wie lieb ich ihn hatte. Wir haben uns leider viel zu selten »Ich liebe dich« oder »Ich hab dich sehr lieb« gesagt. Als ich am Sterbebett meines Vaters saß und seine Hand hielt, waren seine letzten Worte: »Box durch. Box durch. Box durch.« Es war das letzte Mal, dass er alle Kraft aufwandte, die er noch hatte, und mein Handgelenk ganz fest drückte. Dann fiel er ins Koma. Sein »Box durch« wurde schließlich zur Headline meines Lebens. Und ich habe damals gedacht: *Wenn ich das überlebe, wenn ich den Tod meines Vaters überlebe, kann ich alles schaffen.* Sein Tod war für mich die Benchmark für den schrecklichsten, schlimmsten Schmerz, den ich mir vorstellen konnte. Etwas Schlimmeres ist mir in meinem Leben bislang nie passiert. Ich hatte keine Trennung, keinen Liebeskummer, keinen Misserfolg im Job und habe auch keine beste Freundin verloren.

Aber ich habe immer bereut, dass ich meinem Vater nicht mehr »Ich liebe dich« gesagt habe. Es fühlte sich aber in diesem Moment vielleicht nicht so richtig an. Ich hab nur gesagt: »Papa ich verspreche dir, dass ich alles in meinem Leben gebe. Ich pass auf die Mama und die Geschwister auf« (obwohl ich die Jüngste war). Für mich war klar, dass das der Startschuss war, meine Eltern nicht zu enttäuschen, sondern meinen Weg zu gehen. Es war meine Unterschrift zu einem guten, positiven Leben. Ich war immer ein Papakind. Aber an dem Tag, an dem er starb, war für mich klar, dass ich einen Deal mit meiner Mutter habe. Auf ewig!

Was hat Ihnen damals geholfen, den Tod Ihres Vaters zu verarbeiten?

Also, richtig getrauert habe ich nicht. Ich habe auch auf der Beerdigung in Griechenland nicht geweint. Für mich war das ein Kulturschock, den ich da erlebt habe. Es waren viele Menschen bei der Beerdigung. Und es gab diese Grabweiber. Das waren Frauen, die seinen Tod klagend am Grab besangen. Sie sangen »Warum bist du gegangen? Deine Kinder sind noch so jung …« Später haben dann alle die Frauen gelobt und gesagt, dass sie so toll gesungen hätten. Es sei so schön gewesen. Aber ich war total geschockt. Als mein Bruder dann noch zu mir sagte: »Du solltest etwas machen, um selbstständig zu sein und auf eigenen Beinen zu stehen«, zerbrach mit einem Schlag mein Traum von einem Leben auf der Bühne, einem Leben fürs Theater. Ich fragte ihn damals: »Was soll ich tun?« Mein Bruder antwortete: »Am besten machst du was Kaufmännisches. Du kannst gut reden, du bist nicht auf den Mund gefallen.« So kam es dann auch. Mein Bruder hat mir die Adressen gegeben und mir bei den Bewerbungen geholfen. Für mich war es zunächst ziemlich schlimm, nun arbeiten zu müssen.

Dann hattest du keine Zeit zum Trauern?

Ich musste auf einmal acht Stunden am Tag arbeiten. Das war ich nicht gewohnt. Anfangs musste ich im Auto einen Mittagsschlaf machen, weil ich total überfordert damit war, acht Stunden am Tag zu arbeiten. Und dann hab ich noch eine kaufmännische Ausbildung gemacht, die mir überhaupt nicht gefallen hat – in der Buchhaltung. Ich habe eine Dyskalkulie und kann überhaupt nicht mit Zahlen umgehen. Diese neun Monate waren neun Monate Bauchschmerzen. Ich habe die ganze Zeit da gesessen und gebetet: »Lieber Gott im Himmel, bewahre mich vor diesen Zahlen!« Und dann kam ich plötzlich in die Verkaufsabteilung, wo man am Telefon handelte und ein paar flotte Sprüche parat haben musste, und auf einmal fühlte ich mich wie Phoenix aus der Asche und sagte: »Yeah!« Ich fuhr morgens beschwingt zur Arbeit und dachte: *Verkaufen geht runter wie Öl.*

Eine schöne Geschichte.

Glauben Sie an Gott?

Also, ich gehe nicht regelmäßig in die Kirche. Wenn ich in Griechenland bin, schon. Ich komme aus einem ganz kleinen, alten Dorf. Dort geht man sonntags in die Kirche und macht sonst nichts. Ich interessiere mich schon für Religion, aber ich halte das für eine schwierige Angelegenheit. Gespräche über Religion verursachen oft Streit. Und als Autoverkäufer weiß man: Über Politik und Religion wird nicht gesprochen. Und das habe ich in mein normales Leben übernommen und halte mich bei diesem Thema gern zurück. Es gibt da kein Richtig und kein Falsch und kein einfaches Ja oder Nein.

Ich komme noch einmal zurück auf Ihren Papa, den Sie mit achtzehn Jahren verloren haben. Hätte es Ihnen geholfen, wenn damals jemand an Ihrer Seite gewesen wäre?

Ich habe mich abgelenkt, mich in die Arbeit gestürzt, viel Handball gespielt, am Abend Freunde getroffen. Aber zwei Jahre später bin ich in eine Therapie gegangen, weil es mir dann doch nicht gut ging. Ich habe wenig geschlafen und mir Gedanken gemacht, warum ich nicht trauern konnte. Ich erinnere mich noch gut, dass mein Bruder mich eines Abends in den Arm genommen hat. Wir standen draußen und blickten in den wunderschönen, blutroten Abendhimmel, als er zu mir sagte: »Schau mal, Panagiota, du musst gar nicht traurig sein, der Himmel ist so toll. Papa fliegt da gerade hoch und dort oben warten Freunde, auch sein Bruder sitzt dort. Sie spielen Karten, essen ein paar Vorspeisen – griechische Oliven und Schafskäse. Und dann begrüßen sie Papa und sagen ›Boah Nico, nimm Platz. Wir haben so lange auf dich gewartet.‹« Es gibt einen Spruch von Sokrates, den ich mir damals an die Wand gepinnt habe, weil er mir so geholfen hat. Immer, wenn jemand gestorben ist, oder jemand getrauert hat, habe ich ihn ausgedruckt, gerahmt und dann verschenkt.

Der Spruch lautet:

> »Falls der Tod ein Auswandern ist von hier an einen anderen Ort, und wenn es wahr ist, was man sagt, dass alle, die gestorben sind, sich dort befinden, welch ein größeres Glück gäbe es wohl als dieses?«

Warum trauern wir also, wenn der Ort, an den die Verstorbenen gehen, das Beste ist, was ihnen passieren kann? Vielleicht blicken die Verstorbenen auf uns herab und denken sich: Warum trauern diese Idioten? Hier oben ist es doch so wunderschön! Und wenn ihr irgendwann hoch kommt zu uns, machen wir uns einfach noch mal ein schönes, anderes Leben.

Aber zurück zu mir und der nicht verarbeiteten Trauer: Ich habe festgestellt, dass ich in den zwei Jahren nicht richtig trauern konnte. Und irgendwann habe ich gedacht, ich muss mit jemandem darüber sprechen. Ich war auch nie in der Lage, traurig darüber zu reden, sondern war immer ziemlich nüchtern. Immer, wenn mich jemand fragte, habe ich gesagt: »Mein Vater war krank, er hatte Arterienverkalkung und ein Raucherbein.« Als ich dann die Therapie begonnen habe, hat mich die

Therapeutin in der allerersten Stunde gefragt, wie es mir geht, und ich habe wie immer geantwortet: »Gut.« Sie reagierte ziemlich schroff und sagte: »Ich glaube Ihnen kein Wort.« Mit dieser Reaktion hatte ich nicht gerechnet. Dass ein Mensch zu mir sagt, er glaubt mir nicht, dass ich trauere, dass es mir schlecht geht, war für mich so unvorstellbar, so unfassbar, dass ich einfach geweint habe. Auf dem Tisch stand eine Box mit Kleenextüchern. Immer wieder habe ich mir dort Tücher rausgenommen, um meine Tränen zu trocknen. Die Therapeutin sagte: »Sie dürfen ruhig weinen.«, und ich antwortete: »Nein, nein, ich weine nicht.« »Sie weinen grundsätzlich nicht?«, hat sie nachgehakt. »Nein, ich weine nie!« Ich weiß noch, als wäre es gestern gewesen, was für ein gutes Gefühl es war, als ich ihre Praxis verließ. Endlich konnte ich weinen. Ich hätte niemals geglaubt, dass ich das einmal sagen würde. Und da merkte ich, dass mir das gutgetan hat. Ich war vier Jahre in Therapie. Es war eine tolle Erfahrung. Ich kann jedem Menschen auf dieser Welt nur dazu raten, sich einen Therapeuten zu suchen. Es hat mir gut getan, meine Baustellen anzuschauen und an kleinen Schräubchen zu drehen. Es war wie Balsam für meine Seele, mit einem Menschen sprechen zu können, der mir einfach nur die Wahrheit sagte. Einem Menschen, der von außen neutral auf mein Paket schaute.

Ist es dann vielleicht doch besser, gleich mit jemandem zu sprechen?

Man muss dazu natürlich auch bereit sein. Ich habe lange Zeit nicht gewusst, dass ich Gefühle habe, die ich unterdrückt hatte. Ich hab nur manchmal im Bett gelegen und gedacht: *Warum musst du eigentlich nie weinen?* Wenn Menschen mich getroffen und gesagt haben: »Ich habe gehört, dein Vater ist gestorben«, habe ich automatisch geantwortet: »Ja, ja, er ist tot.« Ich war total nüchtern. Manchmal haben dann Freunde zu mir gesagt: »Boah, du bist heute auf einem Geburtstag, dabei ist dein Papa gerade sechs Wochen tot. Du haust hier Sprüche raus und bist gut drauf. Ich wäre da fertig.« Ich konnte von meinen Freunden aber nichts annehmen. Was wussten sie schon? Hatten sie schon jemanden verloren? Nein. Sie waren für mich nur Theoretiker. Sie wussten theoretisch, was es bedeutet, jemanden zu verlieren. Sie konnten mich bemitleiden oder in dem Moment auch versuchen, mich zu verstehen – aber verstehen würden sie es nie ganz, weil sie es eben nicht erlebt hatten.

Ich hätte die Therapie bestimmt auch früher machen können. Ich brauchte aber die Zeit, um zu merken, dass das nicht normal war, wie ich damit umgegangen bin. Irgendwann habe ich gespürt, dass es nicht normal sein kann, dass man sich nicht fallen lassen kann und nichts spürt. Immer habe ich an die letzten Worte meines Vaters gedacht: »Box durch.« Also war für mich klar: *Papa hat gesagt, ich soll mich durchsetzen, ich darf nicht weinen.* Als Kind habe ich mal mein Knie verletzt, und es tat so weh, dass ich geweint habe. Und mein Papa sagte: »Schau dir mal lieber den Schmerz in deinem Gesicht an. Deine Tränen. Wenn in Stalingrad einer verletzt wurde, ein Bein verloren hatte und sein Mannschaftskamerad ihn zwanzig Kilometer weit in ein Lazarett geschleppt hat, das waren Schmerzen, Panagiota. Dann kannst du weinen.« Diese Worte habe ich nie vergessen und mich immer daran erinnert, wenn ich mal wieder eine kleine Verletzung hatte. Und dann habe ich gedacht: *Das ist nicht so schlimm wie der Soldat in Stalingrad.* Das hat mich auch hart gemacht. Aber ich wusste natürlich auch, dass das alles nicht normal war. Ich hatte mir beim Handball mal mein Jochbein gebrochen, bekam eine Halskrause, meine Lippe musste genäht werden und ich bin am nächsten Tag arbeiten gegangen. Ich sah aus wie nach einem ganz schweren Verkehrsunfall. Mein Chef hat dann gesagt: »Ich bitte Sie, fahren Sie nach Hause. Sie sehen ganz schrecklich aus.« Und ich hab gedacht: *Nein, so schlimm ist es nicht.* Wäre damals aber jemand an meiner Seite gewesen, der hinter meine Fassade geblickt und gesagt hätte: »Eigentlich bist du gar nicht so ein taffes Mädchen«, wer weiß, was dann passiert wäre. Vielleicht wäre ich dann früher zur Therapie gegangen. Damals hat mich mein Hausarzt dazu gebracht, die Psychologin aufzusuchen. Ich hatte ihm erzählt, dass ich so rastlos sei und immer so viel Sport machte, mich mit Freunden traf, um nur ja nicht alleine zu sein. Er hat dann gesagt: »Das ist nichts, was man mit Medikamenten behandeln kann. Geh doch mal in eine Therapie.«

Das ist gut, dass er das erkannt hat.

Ja.

Was ist es, das für Sie wirklich zählt im Leben?

Also, dass ich gesund bin und bleibe und dass ich auf mich achte. Achtsamkeit ist für mich das, was wirklich zählt im Leben. Das heißt nicht, nur auf sich selbst zu achten, sondern auch auf seine Umwelt. So, wie man bei mir hinter die Fassade geschaut und mich an die Hand genommen hat. Ich habe kürzlich bei einem Dreh bemerkt, dass eine Kamerafrau geseufzt hat. Und dann hab ich sie angeschaut und gefragt: »Geht es dir nicht gut?« Sie blickte mich ziemlich verdutzt an und fragte: »Wie kommst du darauf?« »Na, du hast jetzt schon zweimal geseufzt.« In der Mittagspause kam sie dann zu mir und erzählte: »Ich habe mich gerade getrennt. Mein Mann ist vorgestern ausgezogen.« Sie hat geweint und mir alles erzählt. Danach ging es ihr besser. Es war gut für sie, einfach mal mit jemandem reden zu können. Das habe ich mir bewahrt bis heute: Zwischen den Zeilen zu lesen, Menschen länger anzuschauen und zuzuhören. Wir hören unseren Mitmenschen oft gar nicht mehr zu. Jeder redet und möchte seine Geschichte schnell erzählen. Du sagst beispielsweise: »Meine Nachbarin hat Krebs.« Und der andere entgegnet: »Ja, ich kenne auch jemanden, der Krebs hat.« Aber darum ging es ja gar nicht. Gerade in der heutigen Zeit ist es ganz wichtig, zuzuhören und aufmerksam zu sein.

Herzlichen Dank, Panagiota, für das schöne Gespräch!

Panagiota Petridou

Panagiota »Jota« Petridou wurde im Juli 1979 in Solingen geboren. Ihre Eltern emigrierten in den 1960er Jahren aus Griechenland. Seit den 1970er-Jahren betrieb die Familie zunächst einen Imbiss und später eine Gaststätte, in welcher Petridou aufwuchs. Nach ihrem Abitur machte sie eine Ausbildung zur Groß- und Außenhandelskauffrau. Anschließend arbeitete sie in verschiedenen Bereichen des Verkaufs. Ab 2004 verkaufte sie Fahrzeuge der Marke Mini und führte 2009 bundesweit das Ranking der besten Mini-Neuwagen-Verkäufer an. Seit Dezember 2010 moderiert sie unter anderem die VOX-Doku-Soap »Biete Rostlaube, suche Traumauto«. Petridou spielte mehr als 22 Jahre lang aktiv Handball.

Christian Rach, © Thomas Pritschet

»Der Erfolg stärkt und motiviert. Niederlagen kommen von ganz alleine.«

Ein Gespräch mit dem Philosophen und Sterne-Koch Christian Rach[10]

Während ich mit dem ICE nach Hamburg fahre und die Landschaft an meinem Fenster vorüberzieht, denke ich darüber nach, warum uns Veränderungen eigentlich immer so schwerfallen. Unser Leben unterliegt einem steten Wandel und verändert sich jeden Tag. Manche Veränderungen gehen schleichend vonstatten, ohne dass wir sie bewusst wahrnehmen, andere wiederum geschehen so plötzlich, unerwartet und mit solcher Wucht, dass sie uns so manches Mal straucheln lässt. Und doch, ganz egal, wie groß die Veränderungen in unserem Leben auch sein mögen, bewegen wir uns voran. Immer weiter. Schritt für Schritt. Tag für Tag. Und vielleicht ist es ja das, was unser Leben ausmacht: Dass wir mutig sind und neugierig bleiben, nicht aufgeben und weitermachen. Ganz egal, welche Veränderungen auch immer das Leben für uns bereithält. Der niederländische Maler Vincent van Gogh formulierte es einmal so: »Was wäre das Leben, hätten wir nicht den Mut, etwas zu riskieren?«

Wenig später steige ich am Hamburger Hafen aus dem Taxi, erklimme die schmale Treppe, die zum Büro meines heutigen Gesprächspartners führt, und finde mich in einem modern eingerichteten Raum mit fantastischem Blick über den Hamburger Hafen wieder. Es ist ein Gefühl der Freiheit, das mich hier sofort erfasst. Christian Rach kommt lächelnd auf mich zu und begrüßt mich herzlich. Wir trinken Kaffee und Wasser und werden in der folgenden Stunde nicht nur über Freiheit sprechen und was sie für sein Leben bedeutet, sondern auch darüber, warum es für gute Entscheidungen so wichtig ist, Gefühl und Verstand zusammenzubringen und weshalb es nicht die Niederlagen, sondern die Erfolge sind, die uns wachsen lassen.

---

10 Interview mit Christian Rach am 1. April 2019 in Hamburg

Herr Rach, Sie sind nicht nur einer der erfolgreichsten Köche Deutschlands, sondern haben auch noch Philosophie und Mathematik studiert. Das sind aus meiner Sicht zwei ziemlich schwierige Brocken. Wie kamen Sie dazu?

Da würde ich gleich eine Gegenfrage stellen: Wieso sind das schwierige Brocken?

(Also, für mich war Mathematik im Studium immer eine große Herausforderung ...)

Philosophie ist, so wie ich es sehe, die Übermutter der Wissenschaften. Mathematik kommt gleich danach. Insofern ist es sehr logisch, das so zusammen zu studieren. Ich glaube, dass Mathematik den Menschen auch nur deshalb Angst macht, weil immer auch alle anderen Angst davor haben und weil vor allem auch die Lehrer oft den Nimbus des »Ich kann es gar nicht so erklären« an den Tag legen. Und wenn dann das Kind zum ersten Mal aus der Schule kommt und sagt »Oh, ich hab gar nichts verstanden in Mathematik«, entgegnen die Eltern oft »Ach, das macht gar nichts. Ich auch nicht. Aber schau mal, es ist doch etwas aus mir geworden.« Das ist meines Erachtens die dümmste Antwort, die man geben kann. Damit manifestiert man eine Blockade im Kopf, die sich dann während der gesamten Schullaufbahn verfestigt. Und eigentlich ist Mathematik sehr einfach. Jedenfalls in den Grundrechenarten. Und wir haben einen Kopf bekommen, den wir benutzen und mit dem wir natürlich auch logisch denken können. Also, mir hat es Spaß gemacht.

Sie haben einmal in einem Interview erzählt, dass die Vorlesung »EmoRat« – Emotion und Rationalität – es Ihnen besonders angetan hatte, warum?

Wir bestehen meines Erachtens aus drei Teilen: Da ist erstens der Körper. Und wir haben nur diesen einen Körper. Der zweite Teil ist der Geist, sprich: die Rationalität, die wir gerade schon angesprochen haben. Sie ist uns auch gegeben. Und dann haben wir als Drittes noch die Seele, sprich: die Emotionalität. Und die Kombination dieser Dreiheit aus Körper, Geist und Seele, das sind wir. Das heißt, wir können den Kopf nicht losgelöst von unserer Emotionalität sehen. Und da wundert es mich häufig, wie nachlässig wir mit unserem Körper umgehen – vom Umgang mit unserem Geist und unserer Seele gar nicht erst zu reden. Und deswegen finde ich, dass das Spannungsverhältnis von Emotionalität zu Rationalität eigentlich die tragende Kombination des Menschen ist.

(Ja. Leider gelingt es uns meist nicht, beides in der Balance zu halten.)

Ich komme noch einmal zurück auf die Philosophie, weil ich dieses Thema auch sehr spannend finde. Ich habe versucht, die mehrbändigen Werke des dänischen Philosophen Sören Kierkegaard zu lesen und festgestellt, dass sie sehr komplex sind und sich dem Leser nur sehr schwer erschließen. Braucht man für Philosophie einen besonderen Zugang? Wenn ja, welchen?

Wenn Sie mit Kierkegaard anfangen wollen, ist es vermutlich kein sehr smarter Einstieg, weil der Däne natürlich sehr komplexe Gedankenmodelle aufgestellt hat. Einfacher wird es, wenn Sie einmal an den Ursprung zurückgehen und fragen: »Was heißt eigentlich Philosophie?« »Philos«, der Freund, und »Sophia«, die Weisheit. Philosophie ist also der Freund der Weisheit. Wenn Sie mit Ihren Freunden oder mit Ihrer Familie spazierengehen, auf der Parkbank sitzen und über das Leben in all seinen Facetten nachdenken, ist es schon der Ansatz eines philosophischen Denkens. Natürlich kann man das weiterführen und genauer und exakter werden, aber eigentlich ist das Nachdenken über das Leben und das Hinterfragen der Dinge der beste Einstieg in die Philosophie. Das ist wie mit Kochen: Eine gute Nudel mit einer tollen Tomatensoße ist ein wunderbares Essen. Aber jeden Tag Pasta mit Tomatensoße zu essen wäre langweilig und zudem äußerst ungesund, weil Nudeln uns nicht sättigen. Und man bekommt auch nicht jeden Tag die tollen Tomaten, die man für eine wunderbare Soße braucht. Das heißt also: Über Nudeln mit Tomatensoße hinaus gibt es noch unglaublich vieles zu entdecken. Man muss nur Geist, Seele, Fantasie und Handwerk zusammenbringen. Mit der Philosophie ist es ganz genauso: Sie ist eigentlich nur ein gedachtes Abbild des Lebens.

Gibt es denn ein Buch, das Sie als Einstiegswerk empfehlen würden?

Also, was ich persönlich toll finde, sind Bücher über die Geschichte der Philosophie. Das heißt, wenn man sich mit Philosophie beschäftigen möchte, sollte man lernen, wie es anfing, und dass Philosophie die

»erste Wissenschaft der Menschheit« war. Das Wissen war damals noch eingeschränkt und nicht so komplex wie heute. Wenn man gerne einen Zugang zur Philosophie hätte, ist eine Abhandlung über die Geschichte der Philosophie das Beste, weil sie Lust macht. Wenn man bei Homer über die alten Griechen nachliest, ist das nicht nur spannend, sondern da ist auch viel Fantasie und da sind viele Abenteuergeschichten enthalten. Man könnte es eigentlich lesen wie einen Krimi.

(Klingt spannend.)

Ich würde nun gern über Ihre zweite große Passion, das Kochen, sprechen. Wann haben Sie diese Leidenschaft entdeckt? Von der Philosophie zum Kochen ist es ja nicht unbedingt ein logischer Übergang.

Stimmt. Ich komme nicht aus einem wohlhabenden Haushalt. Meinen Eltern ging es zwar gut, aber sie waren nicht vermögend im üblichen Sinne. Es wurde aber immer gut gekocht. Meine Mutter hatte ihren Beruf aufgegeben, war für uns vier Kinder da und hat jeden Tag gekocht. Wenn wir aus der Schule nach Hause kamen, gab es immer ein wunderbares Essen: Im Frühling mit den ersten Gemüsen, im Sommer aus dem Füllhorn der Natur, ohne dass das Ganze viel Geld gekostet hat. Es gab vielleicht einmal die Woche ein Stück Fleisch. Aber es wurde immer fantasievoll und mit viel Liebe gekocht. Und am Wochenende gab es drei oder vier Kuchen, die natürlich nicht gekauft, sondern selbst gebacken wurden. Und ich glaube, dass das die Grundlage für diese Leidenschaft bei mir geschaffen hat. Das hat mich unglaublich geprägt. Andere sind während ihres Studiums kellnern gegangen, und ich habe in aller Regel gekocht. So kam das. Und wenn ich gekocht habe, war die Hütte immer voll.

Einfach gekocht, nach Intuition?

Wie man es in Studentenkneipen so macht. Da gibt es einen, von dem schaut man sich das ab. Und dann macht man es genauso. Und wenn man es dann einen Tick anders oder besser macht, hat es Erfolg.

Was würden Sie jungen Menschen, die heute nicht mehr so gern und vor allem nicht so lange am Herd stehen wollen, empfehlen, damit sie wieder einen Zugang zum Kochen finden, um sich gesund zu ernähren?

Das ist natürlich eine hochkomplexe Frage. Ich sage immer: Kochen ist einfach und macht Spaß! Wir leben in der Spaßgesellschaft und das kippt gerade in eine Konsumgesellschaft, das heißt, wir wollen Spaß nur konsumieren, aber nicht verantwortlich dafür sein. Wir wollen ausgehen, aber nicht dafür sorgen, dass man ausgehen kann. Viele Läden machen schon mittags oder abends zu. Es ist eine große Tendenz zu eingeschränkten Öffnungszeiten erkennbar. Aber das ist ja nur eine Analyse. Was würde ich empfehlen? Wir haben nur diesen einen Körper. Auch in dieser Hinsicht zählt Bildung, Bildung, Bildung. Und wir schaufeln so viel Mist in unseren Körper hinein – da kommen wir wieder zum Ausgangspunkt unseres Gespräches, nämlich der Dreiheit. Und wenn wir wissen, was wir da in uns reinstopfen und ich davon ausgehe, dass nicht jeder finanziell so gut ausgestattet ist, dass er jeden Tag in die besten Lokale zum Essen gehen kann, mit dem frischesten Fisch, dem besten Gemüse und dem wenigsten Fett, bleibt einem eigentlich gar nichts anderes übrig, als sich mit Lust und Liebe selbst um seine Energiezufuhr durch Essen zu kümmern. Ich habe gerade in einer Fernsehsendung ein Experiment gemacht. Die Frage war: Kann man sich für fünf Euro am Tag gut ernähren? Und die generelle Antwort lautete Nein! Fünf Euro reichen nicht für Bio, Demeter oder Nachhaltigkeit. Ich habe sowieso keine Zeit, überhaupt zu kochen, und selbst wenn ich noch fünf Euro übrig und eine halbe Stunde Zeit hätte, weiß ich ja gar nicht, wie's geht. Und mit diesen drei Vorurteilen – kein Geld, keine Zeit und ich weiß nicht, wie's geht – haben wir aufgeräumt und gezeigt, dass man sich mit einer nachhaltigen Ernährung – wenig Fleisch, aber wenn dann Bio, Gemüse fast nur biologisch oder regionaler Anbau, wenig Fett, wenig weiße Mehle, wenig Zucker – im Schnitt für zwei oder drei Euro ernähren kann.

Das klingt ja fantastisch, wenn man weiß, dass heute ein Kaffee to go schon mehr kostet.

Ja. Die Ernährungsbildung gehört unbedingt in die Schule, weil die Eltern es nicht können, denn sie haben es schon nicht mehr erlebt. Deshalb muss es unbedingt in der Schule gelehrt werden. Ernährungsbildung sollte ab der Grundschule auf dem Stundenplan stehen. Da könnte man auch Umweltbildung mit dazunehmen – wertfrei, ohne dass man indoktriniert und politische Gedankenbilder manifestiert.

(Klingt gut.)

Sie waren mehr als zehn Jahre lang als »Restauranttester« unterwegs. Was hat Sie da besonders motiviert und angetrieben?

Als wir das damals gestartet haben, waren wir die Ersten. Zu Beginn der ersten Staffel war es sehr mühevoll, überhaupt Restaurantbetreiber zu finden, die sich auf ein unbekanntes Fernsehformat einlassen. Nach Ausstrahlung dieser Staffel konnten wir uns vor lauter Zuschriften und Anfragen kaum retten. Das war noch keine Motivation. Die kam über ein großes Erschrecken meinerseits, als ich gesehen und erfahren habe, mit welcher Naivität Menschen sich in ein Unternehmertum gestürzt haben, das sie nicht beherrschten, für das ihnen Ausbildung und Bildung fehlte und null Komma null betriebswirtschaftliche Kenntnisse vorhanden waren. Nach wie vor glaube ich, dass das einer der größten Hinderungsgründe für den Erfolg ist. Für mich war es eine unglaubliche Motivation, zu sehen, mit welcher Nonchalance sich die Leute ins Unglück gestürzt haben. Mein Ziel war, ihnen die Augen zu öffnen und das Ganze demütig zu tun, ohne diese Menschen vorzuführen. Ich denke, das ist ganz gut gelungen.

Haben Sie auch für sich etwas mitgenommen aus den Erfahrungen, die Sie dabei gesammelt haben?

Ja, klar. Diese Stärke der Leute, denen dann bewusst war, dass sie sich in dem Moment, wo sie sich vor einem Millionenpublikum öffnen, regelrecht ausziehen, hat mir eine Menge Demut abgenötigt. Ich habe die Verzweiflung von Menschen verstanden, die keine andere Rettung mehr für sich, ihr Geschäft, ihr Leben und ihre Familie sahen, als sich im Fernsehen zu öffnen und zu sagen: »Hey, ich brauche Hilfe. Bitte helft mir!«

Da muss die Verzweiflung schon ziemlich groß sein ...

Ja, sehr groß.

Eine andere Frage wurde Ihnen bestimmt schon des Öfteren gestellt: Warum sind die meisten Köche männlich?

Was glauben Sie denn als Konsument und als Frau, warum das so ist?

Vielleicht liegt es auch daran, dass Restaurants abends, nachts und am Wochenende geöffnet sind und dass das nicht zu einem klassischen Familienleben passt? Normalerweise ist es ja so, dass zu Hause meist die Frauen kochen.

Genau. Das professionelle Kochen hat aber nichts mit dem Kochen zu Hause zu tun. Der professionelle Koch kann auch gut zu Hause kochen, wenn er in seinem Laden gut kocht. Aber nicht jeder oder jede, die zu Hause gut kocht, kann auch sagen: »Mensch, das mache ich jetzt professionell.« In der heutigen Zeit ist natürlich die Antwort auf Ihre Frage sehr schwierig. Generell ist Kochen für alle möglich – für Männlein und für Weiblein. Kochen ist ein sehr harter, ein sehr körperbetonter Beruf mit sehr langen unregelmäßigen Arbeitszeiten – zumindest gewesen. In modernen Betrieben fällt dies alles weg. Wenn ich jetzt an die städtische Müllabfuhr denke, dann ist das auch ein sehr harter Beruf. Bei Wind und Wetter draußen. Ich habe nie auf diesen Müllfahrzeugen hinten eine Frau gesehen. Ich mag mich täuschen, aber wenn dort Frauen arbeiten, ist es vermutlich eine verschwindend geringe Prozentzahl. Vermutlich gibt es auch viel mehr Arzthelferinnen als Arzthelfer, obwohl das eigentlich auch nicht zu verstehen ist. Ich habe vor Kurzem einen normalen Routinetermin bei meinem Arzt vereinbart. Ich habe die Nummer gewählt und war echt überrumpelt, dass ein Mann als »Arzthelferin« am anderen Ende der Leitung war. Und dann hab ich gefragt: »Herr Dr. Meier-Schulze, sind Sie es?« »Nein«, war die Antwort, »mein Name ist Schneider.« Ich war eine Sekunde lang verwirrt. Und dann habe ich noch einmal nachgefragt: »Aber ich bin doch richtig in der Praxis Meier-Schulze?« »Ja, ja, was kann ich denn für Sie tun?« Ich komme noch einmal zurück auf Ihre Ausgangsfrage: Es gibt nach wie vor Berufsfelder wie das Kochen, in denen mehr Männer arbeiten. Viele Frauen waren nicht bereit, diese enormen Arbeitszeiten zu akzeptieren. Also waren die Frauen in ihrer Entscheidung schlauer. Heute kippt das. Es sind auch viele Frauen in diesem Beruf tätig, aber aus dem Grund, weil die Arbeitgeber sich geändert haben. Gott sei

Dank. Denn es ist halb eins und nicht fünf vor zwölf. Das Kind ist in den Brunnen gefallen und man würde heute auch als Frau jede Stelle bekommen, wenn man sie denn möchte, was früher vermutlich nicht immer so einfach war. Auch die Gastronomen müssen sich an Arbeitszeitgesetze und an alle anderen Richtlinien halten, sodass der Beruf auch für Frauen interessant wird. Aber eine einfache Antwort auf Ihre Frage gibt es leider nicht.

Sie haben 2011 Ihr Sternerestaurant »Tafelhaus« geschlossen. War der Hauptgrund, wie man es in der Presse lesen konnte, dass Sie sich mehr um die Familie kümmern wollten oder gab es da auch noch andere Gründe?

Also, ich habe nie als Grund genannt, dass ich mich mehr der Familie widmen wollte. Es war mir schon immer bewusst, dass die Entscheidung für das Kochen immer nur eine mittelfristige Planung sein kann. Mir war klar, dass das körperliche Vermögen, diesen unglaublich intensiven Beruf extensiv betreiben zu können, auf natürliche Art und Weise begrenzt ist. Ich habe immer gesagt: Mit fünfzig muss etwas anderes kommen. Genau das habe ich eingehalten. Der gewählte Zeitpunkt war einfach ein zufälliger Zeitpunkt, nämlich der des Auslaufens des Mietvertrages. Ich hätte das natürlich auch verlängern oder verkürzen können. Aber das war für mich sowohl eine natürliche Grenze als auch die männlichste Entscheidung meines Lebens. Weil es eben keine Entscheidung für das Fernsehen war, keine Entscheidung für Frau und Tochter, sondern nur eine Entscheidung für mich. Das ist ein großer Unterschied in der Motivation. Dass dies Veränderungen in vielen Bereichen mit sich bringt, ist klar.

Unser Verein unterstützt Menschen mit Angehörigen in palliativen Situationen. In der Begleitung eines sterbenden geliebten Menschen kommt man oft an die Grenze seiner Belastbarkeit. Essen wird da häufig schwierig. Gerade wenn man täglich damit konfrontiert ist, dass der geliebte Mensch nichts mehr essen kann und nur parenteral oder mithilfe einer Magensonde am Leben gehalten wird, hat man als Angehöriger selten Appetit auf Essen. Welche Empfehlung würden Sie diesen Angehörigen geben?

Es ist schwierig, da eine Empfehlung zu geben. Ich glaube aber, dass wir, wenn wir nicht bei uns bleiben und uns nicht selbst die Kraft geben, die wir brauchen, um den Alltag gut zu bewältigen, überhaupt nicht in der

Lage sind, zu geben. Lassen Sie es mich mit einem Bankkonto vergleichen: Normalerweise sollte man auf der Bank im Plus sein. Da das für viele nicht immer möglich ist, gibt es einen Dispokredit. Den muss man schon teuer bezahlen. Das ist kein geschenktes, sondern geliehenes Geld. Darüber hinaus gibt es dann noch einmal einen Kontokorrentkredit, was die absolute Deadline ist. Wenn Sie sich permanent in dem Kontokorrentkredit bewegen, zieht Ihnen die Bank irgendwann den Stecker raus. Und genauso ist es vermutlich mit dem Körper, der Emotion und dem Geist. Denn auch das gehört in dieser schwierigen Situation, wenn man jemanden pflegt, dazu. Wenn Sie nicht mehr können, dann können Sie auch nichts mehr geben. Und dann wird es ganz eng für denjenigen, den man pflegt. Das bedeutet, allein schon aus instinktivem Selbsterhaltungstrieb heraus sollte man sich um sich selbst kümmern. Und es ist kein Zeichen von nachlassender Liebe oder mangelndem Pflichtbewusstsein, wenn man sich eingesteht, dass man nicht mehr kann und sich selbst einmal »etwas gönnt«, um aufzutanken. Sie müssen also – um zu unserem Beispiel des Bankkontos zurückzukehren – zumindest in den Dispobereich kommen. Wenn der Urlaub nur dazu da ist, um auf Null zu kommen, ist das verkehrt. Man muss bei Null in den Urlaub gehen, um dann wieder ins Plus zu kommen.

Das hört sich jetzt so einfach an, ist aber natürlich sehr schwierig in der individuellen Situation. Wenn Kinder ihre Eltern pflegen, ist es, glaube ich, eine andere Situation, als wenn Eltern ihre Kinder pflegen. Die Natur hat es so vorgesehen, dass die Eltern vor den Kindern gehen. Das heißt, eine natürliche Reihenfolge macht die Akzeptanz und das Verstehen einfacher als eine nichtnatürliche Reihenfolge. In jedem Fall ist aber wichtig, dass die Pflegenden geben können. Und sie können nur geben, wenn sie Kraft für sich selbst haben.

Wenn Sie einmal Ihr Leben betrachten, gab es sicher viel auf und ab. Würden Sie sagen, dass es eher die Niederlagen waren, die Sie haben reifen lassen, oder die Erfolge – und warum?

Landläufig würde jeder sofort sagen, dass die Niederlagen stärken. Das ist Quatsch. Der Erfolg stärkt! Die Niederlagen gehören nur dazu, man darf sie nicht wegwischen. Aber der Erfolg stärkt und motiviert. Niederlagen kommen von ganz alleine. Wenn jemand sagt: »Aber ich entwickle mich doch über die Niederlagen weiter«, muss ich entgegnen: »Aber man kann nicht von Niederlage zu Niederlage springen.«

Erfolg heißt ja nicht, dass ich Millionär und berühmt werde. Erfolg heißt, dass ich zufrieden mit dem bin, was ich tue. Erfolg heißt, dass ich viele Abläufe selbst bestimmen kann. Nun ist nicht jeder in der privilegierten Situation, einen geistigen Beruf zu haben, wo er selbstständig denken kann. Viele stehen an der Kasse im Supermarkt, ziehen auf dem Bau die Mauern hoch, sitzen als Programmierer in einer Firma oder arbeiten als Arzt in einem Krankenhaus. Aber am Ende des Tages zählt auch da das Gefühl, richtig etwas geschafft und etwas geleistet zu haben. Und wenn darüber hinaus noch Kapazität da ist für EmoRat, dann ist das großartig. Dann hat man eigentlich ein erfolgreiches Leben.

Aber wenn das Leben jeden Tag nur aus Niederlagen besteht, ist das keine gute Basis. Es sind ja nicht nur die großen, sondern auch die vielen kleinen Niederlagen des täglichen Lebens, mit denen wir fertig werden müssen – wie der volle Bus, im Stau zu stehen oder wie der schlecht gelaunte, nörgelnde Chef. Wenn das einen stärker machen soll, dann stimmt etwas im Leben nicht.

Was war die schwierigste Phase in Ihrem Leben?

Cat Stevens hat einmal gesungen »Find a girl, settle down ...« Das ist nicht das Schwierigste im Leben. Ich glaube, wenn ich es ganz ehrlich betrachte, war die Gründung meines Geschäftes – nämlich meines ersten Restaurants – die schwierigste Phase meines Lebens. Vor allem die enormen finanziellen Verpflichtungen haben mir in den ersten zwölf Monaten erstmals in meinem Leben ein Gefühl der Unfreiheit gegeben. Ich hätte nicht von heute auf morgen entscheiden können, es zu lassen, ohne andere ins Unglück zu stürzen. Mein Restaurant hat mir zwar eine unglaubliche Freiheit gebracht, aber auch eine große Unfreiheit, weil ich bis dahin mein Leben so gestaltet hatte, dass ich Verantwortung für mich selbst, aber nicht für zehn, zwanzig oder dreißig andere Menschen und die damit einhergehenden finanziellen Verpflichtungen tragen musste. Das war eine schwierige Phase, bis ich gelernt habe, daraus Kraft zu ziehen und zu sagen: »Das ist eigentlich großartig, nicht nur tolle Gedankenmodelle in der Philosophie schmieden zu können oder wunderbare Gerichte auf einem Teller zu kreieren, die am Ende des Tages keine Relevanz haben, weil sie aufgegessen sind, sondern mit dem, was ich tue, Zukunft zu gestalten.« Das war eine unglaublich klare Erkenntnis.

Was haben Sie aus dieser Erfahrung für Ihr weiteres Leben mitgenommen?

Diese Erfahrung setzte sich fort, aber sie hat mich nicht weiter belastet. Aus dieser Erfahrung wuchs sehr schnell die Erkenntnis der Mittelfristigkeit des Lebbaren. Das bedeutet, ich habe mit großer Freude unternehmerisch gehandelt, viele kleine Unternehmen aufgebaut und mit großer Freude dann mit Mitte fünfzig alles sein lassen. Ich bin nach wie vor aktiv und gestalte Dinge. Ich gebe Ihnen ein Beispiel: Wir haben gerade, bevor Sie gekommen sind, über eine Terminkollision diskutiert. Ich hatte einem Hospiz zugesagt, in der Küche eine Unterstützung zu geben und ihnen zu zeigen, wie man schöner anrichtet. Wir haben einen Termin gesucht und einen gefunden. Nun kam eine eigentlich auf den ersten Blick gesehen wichtigere Terminanfrage parallel dazu, nämlich eine Telefonkonferenz mit einem Bundesministerium. Aber der Hospiztermin ist mir wichtig, weil ich den Menschen, die die Arbeit im Hospiz auf freiwilliger Basis machen und die auf die Idee gekommen sind, den »berühmten« Herrn Rach anzufunken, meine Unterstützung geben möchte. Und ich bin mir sicher, dass wir den Telefontermin mit dem Minister um eine Stunde oder zwei verschieben können.

(Finde ich großartig, weil ich selbst als ehrenamtliche Hospizhelferin arbeite.)

Ja, und diese Freiheit zu haben, die Dinge dann so zu entscheiden, ist die Freiheit, die ich meine.

Wenn Sie heute Ihr Leben noch einmal neu beginnen könnten, was würden Sie anders machen?

Das ist eine schwierige Frage. Ich habe vielleicht zwei Dinge, die ich anders machen würde. Die hängen vielleicht sogar zusammen. Ich hätte noch ein halbes Jahr gebraucht, um mein Examen zu absolvieren. Es war damals aber meine politische Einstellung, gegen das Establishment zu kämpfen. Und diese Möglichkeit sah ich in dem Angebot, nach Frankreich zu gehen – in einen wunderbaren, großartigen Laden. Und ich habe für mich entschieden, dass das meine neue Freiheit ist. Vielleicht, ich bin mir nicht sicher, würde ich das heute anders machen. Aber ich denke, ich wäre vermutlich kein anderer Mensch, nur weil ich noch diesen Stempel von der Uni hätte. Allerdings müsste ich nicht so oft diese Frage beantworten, warum ich abgebrochen habe. Und noch etwas ist mir heute wichtig: Ich bin zwar unglaublich stolz darauf, die Dinge alleine zu wuppen, aber ich glaube auch, dass das in vielen Situationen ein Fehler ist. Wenn man Kraft hat und Dinge bewegen kann, ist eigentlich die Koppelung mit anderen Kräften viel effektiver. Es ist eine blöde Form von Stolz, alles allein machen zu wollen. Ich zwinge mich, daran zu arbeiten, und sehe das entspannter als vor fünfzehn Jahren.

Ich habe zwei wunderbare Freunde, empathisch und hilfsbereit, die begnadete Netzwerker sind. Früher habe ich immer gedacht, dass das alles nur Vorteilserhascher sind. Nein, das ist eine falsche Sichtweise. Ein gutes Netzwerk zu haben, ist unglaublich wichtig, und man kann damit sehr viel mehr bewegen, als wenn man nur Einzelkämpfer ist. Das ist eine späte Erkenntnis.

Welche Ziele haben Sie für die nächsten zwei Jahre?

Dass ich mir nach wie vor gutes Wasser leisten kann.

(lacht)

Ich möchte weiterhin aktiv sein, mir mein Büro hier erhalten, möchte Dinge planen, aber ich muss nicht mehr achtzig Stunden in der Woche arbeiten. Ich möchte nach wie vor Dinge tun, die mir Spaß machen und mich erfüllen. Dass ich dranbleiben kann, dass meine Meinung gefragt ist, und dass ich noch das eine oder andere mitgestalten kann, ist mir wichtig. Ich bin ein Gestalter und das macht mir Spaß.

Und ein soziales Projekt? Ich glaube, Sie engagieren sich ja als Botschafter für das Kinderhospiz Mitteldeutschland. Macht Ihnen diese Arbeit auch Freude?

So aktiv bin ich dort nicht, um ehrlich zu sein. Es ist ja auch sehr weit weg. Und immer im Sommer, wenn Schulferien sind, kommt das Sommerfest, sodass ich da schon das eine oder andere Mal absagen musste.

Aber es war großartig, das mit auf den Weg bringen zu können und bei der Eröffnung dabei zu sein.

Unser Verein heißt »Was wirklich zählt im Leben«. Was ist es, was für Sie wirklich zählt?

Menschlichkeit und soziales Engagement. Und das ist, glaube ich, die größte Gefahr: Dass wir das Konsumverhalten noch mehr stärken. Es kommen immer mehr neue Medien dazu. Ich finde diese Urheberrechtsreform wirklich wichtig und dass man darüber diskutiert. Aber dass die jungen Leute wegen dieser Sache auf die Straße gehen und nicht wegen der Zerstörung der Umwelt und nicht wegen der Manipulation der Nahrungsmittel, finde ich ganz schlimm. Das eine hat nämlich viel mit dem anderen zu tun. Ich erlebe unsere Gesellschaft immer egoistischer und ich hoffe, dass es nicht noch schlimmer wird.

Herr Rach, ich danke Ihnen für das Gespräch!

Nachwort

Wie oft haben wir in unserem Leben bereits wartend auf Bahnsteigen gestanden oder auf Flughäfen gesessen? Wie oft haben wir uns dabei gefragt, was wohl all die Menschen antreibt, die dort an uns vorübergehen. Wovon träumen sie? Wen lieben sie? Sind sie glücklich? Woher kommen sie? Wohin gehen sie? Auch wir haben in diesem Buch einiges über Menschen erfahren, und vielleicht haben Sie es ja gelesen, während Sie selbst auf etwas gewartet haben. Wie oft im Leben haben wir bereits gehört, dass sich Warten immer lohnt? Dass wir nur geduldig sein und warten müssen, bis die guten Dinge zu uns kommen ... Doch wie oft hat sich dieses Warten in Ihrem Leben nicht gelohnt? Denken Sie nur an all die gecancelten Flüge, an die ausgefallenen Züge oder die verpassten Chancen? Und wie oft hat sich unser Leben auf dramatische Art und Weise verändert, während wir auf die Erfüllung unserer Träume warteten? Wie häufig haben sich Dinge für immer verändert, während wir warteten, dass sich der Erfolg endlich einstellen möge, während wir warteten, dass unsere Beziehung sich bessern oder unser Partner wieder aufmerksamer sein würde, während wir auf die Anerkennung warteten, die wir uns immer gewünscht hatten, oder darauf, endlich genug Geld beisammen zu haben, um eine lang ersehnte Reise anzutreten? Haben sich diese Hoffnungen während des Wartens je erfüllt? Manchmal sind die Veränderungen im Leben so schnell und rasant, dass wir mit unserem Verstand nicht hinterherkommen, sie nicht erfassen und schon gar nicht verstehen können. Nur unsere Emotionen sind dann präsent und überfluten uns. Zweifel, Traurigkeit, Schmerz und Leid sind dann unsere Begleiter und einzigen Mitreisenden, manchmal sogar für längere Zeit.

Viel haben wir über diese Veränderungen erfahren. Es ging um solche, die endgültig waren, weil wir Abschied nehmen mussten und das Schicksal uns keine Wahl ließ – wie bei dem kleinen Löwen Cesar. Aber es ging auch um Veränderungen, die in unserer Hand lagen und die wir selbst herbeiführen konnten, weil wir Entscheidungen trafen, die unserem Lebensweg für immer eine andere Richtung gaben. Denken Sie nur an den Zirkuselefanten Mr Grey. Und ist es nicht so, dass uns das Leben in den meisten Fällen eine Wahl lässt? Dabei bekommen wir immer wieder Chancen, diesen oder jenen

Weg einzuschlagen, und sind oft nicht mutig genug, weiterzugehen, weil wir nicht wissen, was uns am Ende des Weges erwartet. Deshalb bleiben wir lieber stehen, rühren uns nicht vom Fleck und verharren in der Komfortzone unseres Alltags, den wir kennen ...

Vielleicht kennen Sie die Geschichte von dem kleinen Jungen und der Schildkröte? Darin geht es um einen kleinen Jungen, der mit seinem Mountainbike zum Haus seines Großvaters radelte, um ihn zu besuchen. Als er dort ankam, stellte er sein Fahrrad ab, und entdeckte eine Schildkröte, die vor der Tür in der Sonne lag. Er bückte sich und untersuchte sie neugierig. Die Schildkröte ahnte, dass sie sich in Gefahr befand – schließlich hatte sie nie so einen neugierigen kleinen Jungen erlebt – und zog sich im selben Augenblick in ihren Panzer zurück. Vergebens versuchte der Junge, sie mit einem Stöckchen herauszuholen. Der Großvater, der inzwischen die Tür geöffnet hatte, hatte ihm zugesehen und hinderte ihn daran, das Tier weiter zu quälen.

»Schau mal, Naoh«, sagte er, »so geht das nicht! Die Schildkröte hat Angst vor dir. Du bist ein unbekannter Riese und kommst dann auch noch mit einem Stöckchen daher und quälst sie. Was würdest du sagen, wenn du gemütlich auf deinem Bett liegst, Billie Eilish hörst, und plötzlich jemand reinplatzt, dich brutal von deinem gemütlichen Lager reißt und dir dein iphone abnimmt?«

»Das wäre nicht okay«, gab Noah kleinlaut zu.

»Siehst du!«, sagte der Großvater und lächelte. »Komm, ich zeig dir, wie man das macht.« Er nahm die Schildkröte mit ins Haus und setzte sie auf den warmen Kachelofen. In wenigen Minuten wurde das Tier warm, streckte behaglich seinen Kopf und seine Füße heraus und kroch auf den Jungen zu. »Menschen sind manchmal wie Schildkröten«, sagte der Großvater zu Noah. »Versuche nie, jemanden zu seinem Glück zu zwingen. Wärme ihn nur mit etwas Güte auf, und er wird seinen Panzer verlassen.«

Vielleicht geht es uns manchmal wie dieser Schildkröte. Wenn wir etwas nicht kennen, wittern wir Gefahr und ziehen uns in unseren Panzer zurück. Wir wissen, dass wir dort geborgen sind, dass wir es schön warm haben werden und dass uns nichts geschehen kann. Schließlich kennen wir diesen Panzer, weil wir schon unser ganzes Leben in ihm verbracht haben. Wir wissen, an welchen Enden und Ecken er uns manchmal zwickt. Aber wir wissen auch, dass er uns vor der Unbill des Lebens schützt. Er hält Wind, Regen, Kälte und so manchen Sturm ab, und er gibt uns das Gefühl, geborgen zu sein. Aber dann, wenn jemand unser Herz berührt, uns Wärme schenkt, sich Zeit nimmt, geduldig ist und in der rechten Weise auf uns zugeht, verlassen wir unseren Panzer freiwillig. Weil wir neugierig sind, weil wir wissen wollen, warum wir uns auf einmal so unglaublich wohl fühlen, und warum es so unglaublich warm und hell ist, dass wir innerlich strahlen.

Vielleicht haben Sie aus unseren Geschichten und Gesprächen einiges mitgenommen, das Sie über Ihr Leben nachdenken lässt ... Vielleicht haben Sie sogar neue Erkenntnisse gewonnen über sich und Ihre wahren Bedürfnisse, Lebensvisionen, Träume und Wünsche. Was auch immer es auch sein mag: Es ist gut! Und gute Dinge brauchen bekanntlich Zeit, um sich zu entwickeln. »Am Ende wird alles gut. Und wenn es noch nicht gut ist, ist es noch nicht das Ende«, soll einst Oscar Wilde gesagt haben.

Und weil Sie auf diesem Weg zu einem guten Ende nicht nachlassen oder einfach abwarten dürfen, möchte ich Ihnen noch eine kleine Denkaufgabe für stille Stunden mit auf den Weg geben. Nehmen Sie sich ruhig Zeit, so wie ich es getan habe, an jenem Abend. Sie werden erstaunt sein, was ein gemütlicher Abend so alles verändern kann.

Lange schon wollte ich das Buch »5 Dinge, die Sterbende am meisten bereuen« lesen, und an jenem Abend war es endlich so weit. Ich machte es mir mit einem Glas Rotwein auf der Couch bequem, zu meinen Füßen lag mein Hund Whiskey, der im Traum gerade einer imaginären Beute hinterherhetzte und manchmal wunderbar genießerische, entspannte Laute von sich gab. Bereits nach den ersten Seiten, wurde mir klar: Es ist wundervoll, und ich war glücklich, dass ich mir endlich Zeit dafür genommen hatte. Nicht nur, weil die Australierin Bronnie Ware so herrlich natürlich, unkonventionell und schonungslos ehrlich über ihr Leben, ihre Drogen-Experimente und ihre Suche nach dem Sinn des Lebens – die sie quer über unseren schönen Planeten geführt hatte – schrieb, sondern auch, weil ich in dem, was sie über die Menschen berichtete, die sie in den letzten Monaten, Wochen oder Tagen ihres Lebens begleitet hatte, vieles aus meiner eigenen Lebensgeschichte wiederfand. Wie lange schon gehörte das, was diese Menschen am meisten bedauerten, nicht getan zu haben, auch zu meinen guten Vorsätzen, die ich nie umgesetzt hatte. Denn wie es so oft mit guten Vorsätzen ist, schiebt man sie auf, weil man glaubt, dass einem noch so viel Zeit dafür bleibt. Doch wie viel Zeit man tatsächlich hat, um zu leben, zu lieben, zu hoffen, zu glauben und glücklich zu sein, weiß niemand von uns. Erst dann, wenn wir feststellen, dass unsere vermeintlich unerschöpfliche Zeit abgelaufen ist, beginnen wir, über unser Leben und das, was wir hätten besser machen können und *sollen*, nachzudenken. Erst dann, wenn man nichts mehr korrigieren, nichts mehr nachholen, zurückholen oder ungeschehen machen kann, denken wir über das nach, was wirklich zählt in unserem Leben. Ist das nicht – zumindest ein wenig – verrückt? Wie viel Zeit verbringen wir damit, über eine neue Jeans, Schuhe, ein neues Auto oder den nächsten Urlaub zu grübeln? Und hier nehmen wir uns nicht die Zeit, über das nachzudenken, was unser Leben, ja, was uns ausmacht?

Und so soll Bronnies Buch[11] auch für Sie ein schöner Ansporn sein, einmal über diese fünf Dinge nachzudenken und zu schauen, wie es denn eigentlich in Ihrem eigenen Leben darum steht:

- Leben Sie Ihr Leben so, wie Sie es leben wollen?
- Haben Sie sich je gewünscht, nicht so viel zu arbeiten?
- Wie oft haben Sie sich gewünscht, geliebten Menschen häufiger zu sagen, dass Sie sie lieben?
- Haben Sie den Kontakt zu den Freunden gehalten, die Ihnen am Herzen liegen?
- Haben Sie sich erlaubt, glücklich zu sein, weil Sie das Leben leben, das Sie sich erträumt und gewünscht haben?

---

11 5 Dinge, die Sterbende am meisten bereuen: Einsichten, die Ihr Leben verändern werden, Goldmann Verlag, 2015

Natürlich ist jedes Leben einzigartig, genauso unverwechselbar wie jedes Schicksal und jede Veränderung, der wir uns im Laufe unseres Lebens stellen müssen. Und so gibt es viele verschiedene Antworten auf diese Fragen, die ich Ihnen hier gestellt habe. Und Ihre Antworten können vielleicht schmerzvoll sein, andere heilend, wieder andere hoffnungsvoll, manche voller Liebe. Worte, die wir finden können, reichen oft nicht aus, um zu beschreiben, was wir wirklich fühlen, wenn – symbolisch gesprochen – Meteoriten in unserem Leben einschlagen. Dem Himmel sei Dank haben unsere »gedanklichen Meteoriten« nicht die zerstörerische Kraft derer, die bereits auf der Erde niedergegangen sind und verheerende Auswirkungen hatten. Nehmen wir also die Einschläge von Meteoriten als Metapher und stellen uns vor, dass sie bei ihrem Einschlag einen kleinen Krater hinterlassen. Sie bleiben liegen, bleiben in unserem Gedächtnis, in unserem Herzen, in unserer Seele. Wir spüren sie tief in uns, manchmal nehmen wir sie als eine Wunde wahr, die niemals ganz verheilen wird, manchmal glauben wir, dass wir die Traurigkeit niemals überwinden werden, an anderen Tagen glauben wir, dass das Licht nie wieder so unglaublich hell und warm in unser Zimmer scheinen wird. Von Zeit zu Zeit fühlen wir uns einsam und weinen. Manchmal spüren wir eine tiefe Verzweiflung und Hoffnungslosigkeit in uns, die uns straucheln lässt und in dunkle Tiefen führt. Doch bei aller Dunkelheit, bei all den düsteren Tagen, die das Leben für uns bereithält, folgt auf jede Nacht ein neuer Tag, auf jeden Sturm folgt Stille, und zwischen so manchen kräftigen Wolken, die vorbeiziehen, lugt eines Tages wieder die Sonne hervor. Manchmal braucht es Zeit, ein wenig Geduld, und den Glauben daran, dass das Leben noch so viel mehr für uns im Sinn hat, als wir es uns in diesem Augenblick vorstellen können. Und dann, irgendwann, wenn wir es geschafft haben, und angekommen sind, werden wir die Veränderungen vielleicht sogar als Geschenk wahrnehmen, das in unser Leben gekommen ist.

Natürlich ist dies nur ein Buch! Die Worte darin können Sie berühren wie eine Melodie, sie können Sie an die Hand nehmen, können Sie träumen lassen für einen kurzen Augenblick und entführen in eine andere

Welt. Ja, Worte können Sie manchmal sogar verführen – also bleiben Sie kritisch – sie können motivieren, anregen, und Ihnen vielleicht sogar Flügel verleihen. Aber fliegen müssen Sie schon selbst! Nun wünsche ich Ihnen, dass Sie sich trauen, mutig zu sein, aufzubrechen und loszufliegen, um die kleinen Wunder zu entdecken, die die Veränderungen auch in Ihr Leben bringen können.

Tianying, S. Maxeiner, Tianping (v. re nach li), © Sandra Maxeiner

Danksagung

An dieser Stelle möchte ich mich gerne bei drei ganz besonderen Menschen bedanken, ohne die dieses Buch nicht entstanden wäre:

Von tiefstem Herzen danke ich meinen chinesischen Qigong-Meisterinnen Tianying und Tianping. Ohne eure spirituelle Begleitung, euren liebenden Blick und die wundervollen Meditationen, die mich zu einer tiefen inneren Ruhe und Ausgeglichenheit zurückgeführt haben, hätte ich dieses Buch nie schreiben können. Drei Jahre lang war es mir schier unmöglich, auch nur eine einzige Zeile zu Papier zu bringen. Ich war resigniert und unendlich traurig darüber, bedeutet Schreiben doch alles für mich. Es bedeutet zu leben, zu lieben, zu leiden, mitzufühlen und glücklich sein zu können, wenn auch nur für einige flüchtige Augenblicke. Es bedeutet, dass ich Menschen berühren, sie bewegen, und vielleicht sogar motivieren und ermutigen konnte, ihr Potenzial zu entdecken und das Leben zu leben, das für sie bestimmt ist. Und dann geschah zu Ostern dieses kleine Wunder: Ich setzte mich an meinen Schreibtisch, und plötzlich war alles wieder da – wie von Zauberhand!

Und da alle guten Dinge ja bekanntlich drei sind, gilt mein Dank noch einem weiteren ganz besonderen Menschen: Katja. Liebe Katja, es ist nun schon fast ein liebgewonnenes Ritual, dass du nahezu alle unsere Bücher mit deinen wunderbaren Bildern bereicherst und begleitest. Was wären unsere Worte ohne deine Bilder? Sie sind wie Melodien, die unsere Geschichten begleiten – manchmal traurig und melancholisch, manchmal hoffnungsfroh, aber immer liebevoll, authentisch und ehrlich.

Deine Bilder sind ein Spiegel deiner Seele und eines Schicksals, das nie leicht war. Seit vielen Jahren lebst du mit den dunklen Begleitern Borderline und Depression. Sie haben dich durch viele Täler in deinem Leben geführt, haben dich Zeiten tiefster Verzweiflung durchleben lassen,

Zeiten, in denen du dir keinen anderen Ausweg mehr wusstest, als dieses Leben zu beenden. Und doch tauchte immer wieder Hoffnung auf, wenn der Horizont am dunkelsten war. Immer hast du gekämpft, bist zurückgekommen und hast das Wohlbefinden deiner Mitmenschen nie aus den Augen verloren. Ich danke dir von Herzen, liebe Katja, für die wundervollen Jahre, die inspirierende Zusammenarbeit, für dein Vertrauen, deine mitfühlende und so erfrischend herzliche, natürliche und unkomplizierte Art. Du schenkst damit vielen Betroffenen Hoffnung und Kraft, deinem Beispiel zu folgen und nie aufzugeben!

Was wirklich zählt im Leben. Über Mitmenschlichkeit, Herzenswärme und die wesentlichen Dinge des Lebens, Band 1

In ihrem Buch stellt Sandra Maxeiner Menschen vor, die zeigen, »Was wirklich zählt im Leben«. Dank einfühlsamer, gezielter Fragen öffneten sich auch Prominente wie der Politiker Wolfgang Bosbach, Schlagersänger Roland Kaiser, die Schauspielerinnen Jutta Speidel und Hansi Jochmann sowie die RTL-Moderatorin Susanne Klehn für Innenansichten ihrer Lebenseinstellungen.

Warum macht sich Gutsein nicht an heroischen Taten fest? Weshalb lassen sich Depressionen nicht erklären? Inwiefern verändert eine Krebserkrankung den Charakter? Warum ist mancher ein Held wider Willen? Wieso ist nur Liebe das geeignete Mittel gegen Gewalt? Wie gelingt ein Leben ohne Angst? Und warum können wir sehr wohl einen Unterschied machen? Antworten auf diese und viele weitere Fragen geben außergewöhnliche Menschen, die unterschiedlicher nicht sein könnten und doch eines gemeinsam haben: das Bedürfnis, einen Beitrag für die Gemeinschaft leisten zu wollen.

Sandra Maxeiners Interviews ermöglichen ungewöhnliche Einblicke in das Innere ihrer Gesprächspartner, darunter Prominente aus Politik, Wirtschaft, Showbiz und Gesellschaft. Deutlich wird, was jemanden antreibt, ehrenamtlich als Sterbebegleiterin tätig zu werden, warum eine erfolgreiche Unternehmerin ihre knappe Freizeit in Ehrenämtern verbringt oder was einen Schüler dazu bewegt, Zivilcourage zu zeigen, während andere ihre Zeit abhängen. Bemerkenswert ist, auf welche Weise Menschen soziales Engagement, tiefe Menschlichkeit und Wertebezogenheit leben, wie sie mit Schicksalsschlägen umgehen und mancher lernen muss, das Leben als Geschenk zu begreifen.

Für ihr Buch »Was wirklich zählt im Leben« hat die Autorin ihren Gesprächspartnern persönliche Erfahrungen und substanzreiche Reflexionen entlockt. Jedes der insgesamt 20 Interviews stellt in gewisser Weise auch ein literarisch-biografisches Kunstwerk dar. Ihr Buch ist in besonderer Weise inspirierend und bringt in Erinnerung, auf welche Werte es im Leben ankommt. Das sollte nachhallen.

Was wirklich zählt.
Gespräche über die Essenz des Lebens,
Band 2

Was zählt wirklich in unserem Leben? Wie können wir das Beste daraus machen und warum sind wir hier? Sandra Maxeiner suchte und fand Antworten auf diese und weitere Fragen in Begegnungen mit ungewöhnlichen Menschen, die existenzielle Lebenserfahrungen gemacht haben. So traf sie die buddhistische Nonne Ani Choying Drolma aus Nepal, die ihrem gewalttätigen Vater zu vergeben lernte und damit zu einem neuen, positiven Leben fand. Für die 46-jährige Nonne steht heute fest: Jede Erfahrung im Leben ist gut, egal ob sie positiv oder vermeintlich negativ ist. In Sandra Maxeiners zweitem Interviewbuch finden sich spannende, berührende, weise und inspirierende Lebenserfahrungen und Einsichten. Zu Wort kommen unter anderem der Politiker Gregor Gysi, der Sänger Roland Kaiser, die Schauspielerin Michaela May, Musiker Jens Sembdner und Notfallpsychologe Gerd Reimann.